CERVANTESCAS CERVANTINAS

LA BIOGRAFÍA TEATRALIZADA DE MIGUEL DE CERVANTES

Textos aparte
BIOGRAFÍA ESCÉNICA

Edita: Arola Editors
1ª edición: julio 2024
© del texto: Damià Barbany
Diseño gráfico: Arola Editors
Impresión: Gràfiques Arrels
ISBN: 978-84-128944-6-2
Dipósito legal: T 731-2024

Colección Textos aparte

Polígon Francolí, Parcel·la 3
43006 Tarragona
Tel.: 977 553 707
Fax: 902 877 365
arola@arolaeditors.com
arolaeditors.com

CERVANTESCAS CERVANTINAS

LA BIOGRAFÍA TEATRALIZADA
DE MIGUEL DE CERVANTES

DAMIÀ BARBANY

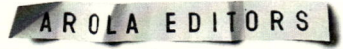AROLA EDITORS

DE LA CURIOSIDAD QUE LA PUBLICACIÓN DE CERVANTESCAS CERVANTINAS HA SUSCITADO EN LAS MÁS ALTAS INSTANCIAS DE LA CULTURA LITERARIA

DOÑA LITERATURA CLÁSICA: Por lo anunciado, estamos ante una suerte de biografía muy particular..., «biografía teatralizada» la llama usted. Espero, tenga a bien informarme de qué se trata exactamente. ¿Es una ficción biográfica? ¿documentalismo periodístico dramatizado? ¿ensayo divulgativo? ¿transcripción de una conferencia teatralizada? Y género o estilo literario aparte, me gustaría saber qué plantea y qué aporta sobre Cervantes que no sea de nuestro conocimiento. ¿Incide especialmente en algún tema concreto? ¿Cabe suponer que todo lo narrado transcurre en los siglos XVI y XVII? ¿Si existe algún modo de acción, en qué lugar se desarrolla? ¿Qué factores desencadenantes propone? ¿Qué giros argumentales?

DAMIÀ BARBANY: Todo va sucediendo a caballo del paso de un tiempo comprendido entre el siglo XVI y la actualidad más presente. La acción, si así puede llamarse, transcurre en un recinto cerrado, que podría ser un teatro o una sala de conferencias o un gimnasio o etc., nunca llega a definirse del todo... Ellos, nunca llegar a tener una plena certeza de donde están...

D.L.C.: ¿Ellos?

D.B.: Tres personajes que se relacionan entre sí: El Gestor, El Explicador y Don Miguel. Y al mismo tiempo se relacionan con un público. Un público, que ellos no tienen del todo claro si está integrado por gente lectora o gente espectadora... Si ese público está sentado en el sofá de su casa, en la silla de una biblioteca pública, o en la butaca numerada de un teatro...

A los tres parece unirles un mismo objetivo: darle forma a un acto o evento poco definido, pero que parece ser principalmente un relato biográfico enmarcado en alguna suerte de escenario... Tienen dudas, diferencias y reparos respecto a «qué hacen, como lo hacen, para quién lo hacen y quién les facilita poder hacerlo». Toda esa confusión y controversia es vivida y soportada con más o menos incomodidad y contradicción según la distinta responsabilidad y cometido de cada uno de ellos.

El objetivo común es de orden expositivo-biográfico, pero también persigue —por parte de los tres— resultados artísticos. Esa coincidencia, lejos de aunar como sería deseable, propicia que surjan desavenencias hasta cierto punto comprensibles aunque nunca justificables. Afloran personalismos, egos, soberbias, envidias, pugnas y rivalidades. Toda una suerte de continuas confrontaciones, puntos de vista divergentes y conflictividades que confieren viveza y entidad a los personajes, al tiempo que mantienen un ritmo narrativo vigoroso.

El personaje de El Gestor, se empeña en aportar al evento –del que parece ser responsable- una dinámica original, sorprendente, creativa y teatralizada. Y también se empeña en hacer incursiones narrativas por el presente más actual.

El personaje de El Explicador, se muestra —hasta extremos enfermizos— obsesionado por lucirse como el gran actor que es. En realidad, parece haber sido contratado para actuar, pero, se pregunta angustiado y contrariado: ¿para interpretar a quién? ¿para interpretar a Cervantes, teniendo presente al auténtico escritor?

El personaje de Don Miguel, es consciente de que el evento tiene un tiempo limitado y desea aprovecharlo para mostrar fragmentos de su literatura y así fomentar su conocimiento. No tiene interés en ahondar en su biografía personal. Quiere que el público —ya sea este lector o espectador— tenga plena información de que existe obra cervantina más allá de la conocida novela de Don Quijote. Se queja de que para muchísima gente, ese éxito universal indiscutible, en mayor o menor medida ha mermado el valor y la difusión del resto de su creación literaria.

Hay, como ya le he explicado, conflictividad continuada, latente y creciente entre los tres personajes. En pocos momentos surge el acuerdo y el entendimiento. Bien es verdad, que el ejercicio del arte —en cualquiera de sus disciplinas— a menudo provoca tensión e inseguridad en el creador y una excesiva y frágil dependencia del aplauso, del reconocimiento, de la aprobación y admiración colectiva. Y de esa nociva dependencia, surge a veces la competitividad feroz y la envidia por el triunfo de otros colegas de la profesión.

La estabilidad artística siempre pende de un hilo... A veces, la abismal distancia entre el gran éxito y el rotundo fracaso, viene a ser como una veleta a merced de la ventolera que sopla en cada momento. A veces, tiene demasiado que ver con una subjetividad caprichosa regida por una ultimísima «modernidad», propiciada esta por unos parámetros de difusión y aceptación muy politizados o muy mercantilizados. Los creadores de arte, en ocasiones pasan con demasiada rapidez de ser ensalzados a ser ignorados, víctimas de lo que hoy tal vez se ha sacralizado en exceso y mañana puede que se olvide con demasiada facilidad...

D.L.C.: Por lo que me va contando, ¿debo suponer que ese personaje de Don Miguel, es Miguel de Cervantes Saavedra?

D.B.: No solamente suponer. Lo es, dicho con toda rotundidad. Le aseguro que es Miguel de Cervantes más allá de la existencia común de la mayoría de las personas. Es Cervantes ubicado en la posteridad que le otorga su intransferible genialidad. No es un espectro, no es una evocación. Es Cervantes en carne y hueso, con una presencia real en el tiempo y en el espacio. Cervantes, con sus ajetreadas vivencias contadas por él mismo. De un modo u otro, a lo largo de todo el relato, nos encontramos inmersos no ya en su biografía, sino en lo que puede llamarse su autobiografía.

D.L.C.: ¿Cómo se insertan en ese relato sus piezas de teatro, su poesía, sus novelas?

D.B.: Aparecen en forma de cuidado muestrario, activamente expuestas, seleccionadas acertadamente a criterio del escritor. Se trascriben fragmentos de «El Quijote», «El licenciado Vidriera», «Rinconete y Cortadillo», «Los trabajos de Persiles y Segismunda», «Viaje del Parnaso», «Los baños de Argel», «El trato de Argel», «El laberinto del amor»y «El juez de los divorcios». Todo ese muestrario despierta la curiosidad del público, le incita, le estimula a querer conocer más y mejor el amplio legado literario de Cervantes y sus peculiares y bien construidos personajes. Piense además, que ese incentivo se acrecienta cuando El Gestor, El Explicador y Don Miguel, comentan, discuten y opinan sobre el contenido de dichos fragmentos y establecen paralelismos y analogías entre unos textos escritos hace más de 400 años y su indudable vigencia e incidencia en el presente más actual.

Y entrelazada con esa exposición de su obra literaria, su vida personal. Ambas sometidas a un vaivén incierto de frustración y esperanza, dualidad muy constante a lo largo de su vida. Un Cervantes soldado y herido en combate. Un Cervantes encarcelado en Argel. Un Cervantes novelista con dificultades para publicar y por esa causa con escasa solvencia económica. Un Cervantes dramaturgo eclipsado hasta cierto punto por Lope de Vega. Un Cervantes necesitado de mecenazgo. Un Cervantes con su golilla almidonada oprimiéndole el cuello con una fuerza gradual persistente y fatalista...

D.L.C.: ¿Qué significa esa golilla, es una metáfora?

D.B.: Viene a ser un todo, es planteamiento, nudo y desenlace. Es el simple y sufriente día a día y es también una épica de liberación. La golilla es sujeto muy activo en la escena final, una escena que sin duda le sorprenderá, apreciada señora Doña Literatura Clásica.

D.L.C.: Ya veremos, si me sorprende o no...

D. B.: En «Cervantescas Cervantinas.»todo lo que se narra o interpreta, todo lo que sucede tiene relación directa con Cervantes. Todo gira alrededor de él. Cuesta creerlo, pero insisto en que él está ahí, prodigiosamente prolongado a lo largo de los siglos.

D.L.C. : ¿Puede ser un poco más explícito?

D.B.: Disculpe, pero no quiero desvelar aspectos de la trama y detalles argumentales concretos, hoy en día hacer un spoiler está muy mal visto...

D.L.C.: Resumiendo, vamos a ver si conseguimos un poco de concreción. ¿Estamos ante una biografía o ante una obra de teatro?

D. B.: Ante una y otra. Mi mérito, consiste en el logro de esa fusión. Y mi satisfacción, en verlas publicadas como libro por Arola Editors.

D.L.C.: A priori, tengo mis dudas sobre la eficacia y conveniencia de esa fusión...

D.B.: Señora Doña Literatura Clásica, no sea a priori tan severa. Ya se ha vertido infinita tinta sobre la figura de Cervantes: biografías, ensayos divulgativos y académicos, algunos sumamente valiosos. Pero la mayoría de esas incursiones y aproximaciones al universo Cervantes, presentan -es lógico que sea así- muchas similitudes y coincidencias estilísticas, estructurales, conceptuales y expositivas.

«Cervantescas Cervantinas»es diferente, es otra cosa. Gracias a su estructura y estilo, aúna y engarza, —mediante el diálogo vivo y energético entre los personajes— el desarrollo narrativo con una situación escénica a momentos muy espectacular. Aúna y engarza, algunos referentes históricos con cierta crítica social.

«Cervantescas Cervantinas»es un libro capaz de sorprender e interesar. Consigue ser a la vez ameno y culto, divertido y riguroso. Creativo e innovador y al mismo tiempo fiel y del todo respetuoso con los textos cervantinos.

Cualidades que le confieren —des de mi punto de vista— la virtud de poder conectar con públicos populares. Incluso en diversos momentos, el público —ya sea este lector o espectador— participa activamente en el desarrollo de la acción. Lea, lea usted, y verá...

D.L.D.: Leeré y juzgaré.

D.B.: Esa capacidad comunicativa también puede convertirse en una buena herramienta pedagógica, útil para ser manejada por el profesorado de Instituto en las clases de literatura. En su transitar a través del tiempo, por «Cervantescas Cervantinas»van apareciendo —pertenecientes a distintas épocas, culturas y geografías— numerosos escritores y personalidades de la cultura, las artes, la política, las ciencias y los deportes.

Apreciada señora Doña Literatura Clásica, puede usted considerarme un ingenuo, un optimista en exceso, pero yo ya vaticino que este «Cervantescas Cervantinas»está destinado a convertirse en un gran éxito editorial.

D.L.C.: Yo no quiero vaticinar, pero por el momento, «Cervantescas Cervantinas»me parece un libro asentado en una rareza, en un capricho de autor con ganas de hacerse notar...

SOBRE COMO EL PUEBLO LLANO ESTÁ DISPUESTO A RECIBIR CON AGRADO UNA BIOGRAFÍA DE CERVANTES TEATRALIZADA

Pueblo llano: Ya sea biografía o teatro, o teatro y biografía, el valor cultural de «Cervantescas Cervantinas» radica —según nuestra modesta opinión— en las novedades y originalidades que puedan ofrecernos sus contenidos. Como colectivo popular, siempre gustamos de adquirir cultura sin renunciar al deleite. Si el libro nos proporciona amenidad, humor, ingenio e inteligencia, sea bienvenido. Si nos divierte, vamos a dispensar una entusiasta acogida a «Cervantescas Cervantinas», con independencia de su clasificación —suponiendo que sea necesario clasificarlo— como uno u otro género literario.

CERVANTESCAS CERVANTINAS

CAPÍTULO INICIÁTICO

EL GESTOR: Me dirijo a todos ustedes sin distinción, ya sean un público de teatro o un público lector, me reciban sentados en la butaca de un teatro, en la silla de una biblioteca pública, o en el sofá de su casa. Y me presento a mí mismo como *El Gestor*. Gestión artística y creativa por supuesto, para nada administrativa. De ahí mi vestuario informal: botas de baloncesto de color verde, pantalones tejanos y camisa a cuadros tipo leñador. Estoy aquí para mostrarles un camino hasta ahora inédito, jamás transitado puesto que transcurre en el ámbito autobiográfico de Miguel de Cervantes Saavedra. Un recorrido lúdico, deconstructivista, indistintamente susceptible de ser servido como lectura o como escenificación. Tratándose de una autobiografía imprescindible contar con él, con la colaboración y complicidad del mismísimo Cervantes. Parece increíble, pero él está aquí, él me acompaña en todo momento y no me refiero a un acompañamiento simbólico o evocado. Cervantes murió hace siglos, es cierto..., pero todos estamos de acuerdo en considerar a los grandes de la literatura como inmortales. Y es del todo indiscutible que no hay biografía posible sin tener absolutamente en cuenta al biografiado, sea este próximo o lejano, vivo o difunto. Menos indiscutible aún esa presencia, cuando se trata de una autobiografía. El caso es que él está aquí, como una realidad del todo posible y verosímil en el contexto. ¿Qué clase de contexto, se preguntarán ustedes? No sabría decirles exactamente... Yo en confianza, le llamo Don Miguel. Él, a mí, me llama El Gestor.

Imaginen, que para vehicular el relato nos instalamos en un espacio interior. Podría ser un salón de actos destinado a conferencias. O una nave industrial en desuso. O un gimnasio sin aparatos de gimnasia, o un garaje sin coches. También podría ser un plató para filmaciones. O para no complicarnos demasiado, podría ser un teatro convencional. En el supuesto de que sea eso, un teatro, podemos disponer de un escenario. Y podemos optar por servir-nos de ese escenario al desnudo o bien vestirlo con una escenografía, la que ustedes quieran imaginar. No interfiere que sea realista o conceptual, pródiga en decorados o minimalista. Da igual que sea actual o de época.

Por mi parte, tomando como bueno estar situados en un escenario, voy perfilando algunas ideas. Necesito disponer, si ustedes no tienen inconveniente, de un elemento escenográfico bastante habitual. Ahora mismo, me conviene ver como desde lo alto desciende un telón de fondo, uno elegido al azar que puede representar cualquier temática...

Ya lo veo, ese telón está descendiendo... Se trata de una gran fotografía y la imagen que nos muestra es un paraje casi desértico atravesado por una larga y recta línea asfáltica que yo diría nos remite a una orografía norteamericana, perfectamente podría ser una carretera de Texas o Arizona. La posibilidad de que algunos y algunas de ustedes prefieran creer que lo que atraviesa esa larga carretera es la estepa castellano manchega, en nada interferirá la marcha del relato. El escenario dispone, como suele ser habitual, de un suelo uniforme. Yo diría que es madera aglomerada... o algún material sintético... de un color neutro, oscuro, negro o casi negro... También nos serviría, por ejemplo, un suelo cubierto por una moqueta de color granate, o azul, o etc. Del mismo modo nos sería útil un suelo de parqué, o de cemento, o embaldosado, o de cualquier otro material...

Con el permiso de ustedes, voy a desplazarme hasta el segundo término de mi escenario, a medio camino entre el foro y el proscenio. Hay ahí, un bulto cubierto por una tela negra. Me desplazo... (*Lo hace.*) Procedo a descubrir el bulto... (*Retira la tela y aparece un sillón.*) Quiero utilizar este modelo de sillón frailero. Mobiliario español de mucho uso en los siglos XVI y XVII. Madera oscura con las características patas en forma de equis. Sillones idénticos a este o muy parecidos los habrán visto más de una vez en el teatro, en el cine, en pinturas, en casas de anticuarios, en algún hotel o parador nacional, etc.

Tenemos un telón de fondo y un sillón frailero, y en estas que a continuación decido hacer entrar a un actor. O mejor sería decir a un personaje. O a un actor que desea impaciente tener su personaje. En cualquier caso, yo le llamo El Explicador. Puede que ustedes se estén preguntando: «¿Si se cuenta con la presencia del auténtico Cervantes, y el propósito es adentrar-se en su autobiografía, para qué hace falta un actor o un personaje? Y suponiendo que sea necesaria una persona auxiliar, ¿no sería más acertado recurrir a un narrador o narradora con buena dicción, alguien versado en la locución directa?» Otórguenme confianza y sigan atentos. Con la entrada de un actor o de un personaje, mi objetivo es incentivar la atención de todos ustedes. A mi indicación, El Explicador aparecerá en breves momentos. (*Alzando la voz.*) ¡Señor El Explicador!

Entra el personaje de EL EXPLICADOR.

¡Entró! Ya le tenemos. Con aspecto doméstico, poco vestido o a medio vestir... Chancletas playeras, calzoncillo blanco tipo bóxer, camiseta blanca de manga corta y batín de seda de un tono granate con estampado de cachemir. Vestuario del todo actual y de estar por casa, exceptuando la prenda que ciñe su cuello: una golilla blanca, bien almidonada, muy cervantina. Y exceptuando el guante de malla metálica, que cubre su mano izquierda. La indumentaria definitiva vamos a dejarla abierta al deseo de cada uno y cada una de ustedes. Pónganse a imaginar cómo le visten, atendiendo a un único requisito indispensable: nada de vestuarios arqueológicos, nada que se identifique con el siglo de oro, nada de capa, espada y chambergo. Opten por un vestuario del presente, o atemporal...

Ahora, lo lógico es que El Explicador proceda a darse a conocer, les hable, se dirija sin distinción a cuanto más público mejor, ya sea este erudito, circunspecto y exigente o popular y abiertamente receptivo.

El explicador, *al público*: Poco puedo explicar... y les ruego no me digan nada viéndome así a medio vestir, no sé muy bien para qué he sido contratado, no sé exactamente que se espera de mí... Efectivamente, soy actor. Entiendo que la solicitud que les ha hecho El Gestor, —esa de que interactúen adjudicándome un vestuario a su antojo— pueda hasta cierto punto desconcertarles, pero yo les agradecería que cada cual se decida a vestirme lo antes posible. Me siento un poco incómodo en ropa interior... y con esta golilla al cuello. Es molesta, obliga a una impostada rigidez. Impide la visión de los propios pies y se asemeja a un plato dentro del cual reposa una cabeza decapitada...

El gestor: ¡Interesante...!

EL EXPLICADOR: ¿Qué es lo que le parece interesante?

EL GESTOR: Esa idea del plato y la cabeza decapitada, como si la golilla fuese el tablado de un patíbulo.

EL EXPLICADOR: Pues, espero, que no le sugiera algún nuevo invento acorde con su intempestiva genialidad... Y como ya le he manifestado infinidad de veces, la golilla me resulta incómoda, es muy rígida y me irrita la piel del cuello. Y aún me resulta más incómodo este guante de hierro, que semeja a los que usan carniceros y pescaderos para protegerse en sus domésticos menesteres laborales. (*Al público.*) El Gestor aquí presente ya les ha puesto en antecedentes de que van a ser ustedes testigos de un evento nada convencional...

EL GESTOR, *al público*: Biografías de Don Miguel de Cervantes las hay a montones. Autobiografías, ninguna hasta hoy. Unas son más interesantes que otras, pero hasta donde yo sé, casi todas expuestas mediante una narrativa convencional, donde los hechos se exponen cronológicamente y todo se explica con una, llamémosle: normalidad. Con su biografía titulada «Un esclavo llamado Cervantes», el dramaturgo Fernando Arrabal, escapa un tanto a esa tónica de normalidad. Lo que pretendemos en este encuentro con todos ustedes, es ofrecerles un acto sorprendente, dinámico, teatral, diferente, original...

EL EXPLICADOR, *al público*: Tal vez demasiado original... Tengo mis reparos y desacuerdos..., ya llevo ensayadas algunas de lo que podríamos llamar escenas o situaciones y sigo sin tener muy claro cuál es exactamente mi papel en este asunto. He dicho escenas o situaciones y tal vez debería decir capítulos o pasajes biográficos. En realidad, no sé cómo llamar a la estructura de compartimentación y al conjunto del discurso que estamos utilizando y transmitiendo... Constantemente aparecen cambios e improvisaciones sobre lo previamente ensayado. Por no hablar de ese ir incorporando referencias muy alejadas de la época de Cervantes y emparentadas con la actualidad. Todo ello según deseo expreso y particular de El Gestor. Lo del sillón frailero por cierto, fue idea mía, aunque él se la haya apropiado. «¿Qué le parece un sillón frailero para dar otro toque de época, otro detalle histórico que se complemente con la golilla?» Esa fue mi propuesta. (*A El Gestor.*) Es evidente que usted aceptó la sugerencia. A cada cual lo suyo. (*Al público.*) La incorporación del guante metálico, eso sí fue un invento de El Gestor.

Deduzco que muchos y muchas de los aquí presentes ya habrán intuido con gran facilidad que el guante tiene algo que ver con la mano discapacitada de Cervantes como consecuencia de la herida sufrida en la batalla de Lepanto. (*A El Gestor.*) Ya le dije en su momento que lo del guante me parecía excesivamente ilustrativo. (*Al público.*) Lo cierto es que la incorporación (*Mirándose la mano enguantada.*) de este artilugio tuvo un proceso conflictivo y me proporcionó un considerable disgusto. Ya habíamos llegado a la escena quinta y hasta ese momento, lógicamente yo movía ambos brazos con la misma desenvoltura; al tiempo que empezaba a sospechar que en realidad no se me había contratado para interpretar a Cervantes como se me notifico en un principio. Para mi sorpresa y decepción, supe que se contaba con la colaboración del auténtico personaje, el Cervantes verdadero quiero decir. (*A El Gestor.*) Suponiendo, que ese señor presentado como el auténtico Cervantes no sea una falsificación... ¿Qué sentido tiene haberme contratado para interpretar al escritor, teniendo a disposición al verdadero?

El Gestor, hace intención de responder, pero El explicador le interrumpe con un gesto.

No me diga. Sé perfectamente que estoy aquí para hacer el trabajo y que otros se lleven el aplauso. (*Al público.*) Deduzco, aunque nadie me lo confirme, que he sido contratado en previsión a que alguna o algunas de las situaciones expositivas o acciones escénicas sean difíciles de representar por el auténtico Cervantes, ya que por más ilustre literato que sea, carece de toda experiencia como actor. Lógicamente, llegados a ese punto de dificultad, todo apunta a que sea yo quien tome su lugar. El caso es que un buen día, El Gestor, me suelta: «¿Qué haría usted con la mano en cuestión, en el supuesto de tener que interpretar a Cervantes?» Le entendí al momento pero quise hacerme el despistado... «¿A qué mano se refiere?»

EL GESTOR: «Cervantes era lisiado..., todo el mundo lo sabe...»

EL EXPLICADOR: «¿Y qué le parece que podría hacer, escondérmela detrás de la espalda?» El Gestor me respondió con talante arrogante, como es él: «Por supuesto que no. Esa carencia física tiene un alto significado y necesita ser expuesta con cierto valor estético. Ya me inventaré una solución creativa...» (*A EL GESTOR.*) Eso fue lo que usted me respondió. ¿O miento?

EL GESTOR, por toda respuesta inicia la salida.

EL EXPLICADOR: ¿A dónde va, si puede saberse?

EL GESTOR, *se detiene un momento*: No olvide que soy El Gestor. Y como tal, debo gestionar soluciones...

EL EXPLICADOR, *airado, gritando, mientras EL GESTOR sale sin atenderle*: ¡Vuelva aquí! ¡De qué soluciones habla! «¿Y los garbanzos? ¿Con una mano inutilizada, qué pasa con mis garbanzos? ¡Exijo una explicación!» (*Al público.*) Eso fue lo que con bastante enfadado, le grité aquel día. Teníamos ensayada una escena donde para simbolizar una de las muchas épocas de estrechez económica que vivió Cervantes, el personaje —en aquella escena interpretado por mí, no por Don Miguel— se metía una mano en un bolsillo extrayendo un puñado de garbanzos. Y haciendo pinza con el pulgar y el índice de la otra mano, los iba cogiendo de uno en uno. A todos los examinaba atentamente, los contaba con avidez, numerándolos a partir del uno, como si contase valiosos diamantes o pepitas de oro. Y se los iba metiendo en el otro bolsillo. De tanto, en tanto, profería un juramento, gritaba «podrido» y lanzaba el garbanzo lejos de sí. A mí, esa escena, independientemente de ser yo su intérprete, me gustaba por su trasfondo socio político. Pero claro, la incorporación del brazo lisiado y la simplista ortopedia del guante, si se utilizaba con todo el rigor escénico, obligaba a cargarse automáticamente la acción a dos manos del inventario garbancero.

El Gestor, siempre ocurrente, consideró que el registro cognoscitivo del público aceptaría la convención de usar la mano discapacitada con absoluta libertad siempre que una acción así lo requiriese. Me pareció una convención acertada y ¡ingenuo de mí! abrigue la esperanza de poder retomar la escena de los garbanzos. Aunque actor poco amante de atrevimientos demasiado vanguardistas, soy de la sensata opinión que no es necesario someterse estrictamente a verosimilitudes sustentadas en una narrativa realista, cuando todo el mundo sabe que todo lo que sucede en una función de teatro no es nada real, aunque tenga mucho que ver con la realidad. Lo sabe, incluso la inmensa mayoría de la población, todos esos millones y millones de gente que por precaución jamás han pisado un teatro por miedo a aburrirse. Prefieren aburrirse de otro modo, ignorantes los hay y los ha habido siempre.

El caso es que pese a quedar instaurada esa convención de mano inútil y al mismo tiempo útil, lo de los garbanzos ya no se recuperó. El Gestor, consideró que era llevar la convención a extremos excesivos. Me sentí muy, pero que muy frustrado...

RETABLILLO PRIMERO

EL EXPLICADOR, *al público*: Continuando con esa idea de ceñirse estrictamente a la realidad documental y al mismo tiempo saltársela a conveniencia, ya sea para lucirse con sus ideas estrambóticas o bien para demostrar que la supuesta realidad documental establecida no siempre es fiable, El Gestor ha querido incorporar una escena donde se indaga sobre el auténtico aspecto físico del escritor. Y que mejor información, veraz y fidedigna, que la proporcionada por el mismísimo personaje. Disponiendo del auténtico Cervantes, mejor que sea él quien se dirija a todos ustedes. Él, tiene todos los datos, es más, los lleva incorporados, está aquí con toda su anatomía, con ese cuerpo que Dios o la naturaleza le dieron al nacer.

EL GESTOR, *entrando, al público*: Don Miguel, está listo para hacer su entrada. Antes, les voy a informar sobre su vestuario: lleva al cuello, bien tiesa y blanca, una golilla idéntica a la que luce El Explicador. Imprescindible esa prenda, a medida que progrese este evento biográfico, se darán ustedes cuenta de hasta que punto es fundamental esa golilla. Y ahí, termina su vestuario de época. Le he calzado con zapatos de estilo inglés, de color negro y sujetos con cordones. Camisa negra, con el cuello de tirilla. Y los pantalones de corte clásico, también de color negro. Y en la mano izquierda, el mismo guante de malla metálica que lleva El Explicador. Ya entra Don Miguel. ¡Este que veis aquí!

DON MIGUEL, *entrando, al público*: «Este que veis aquí» Con esta frase empieza el prólogo que escribí para la publicación de mis «Novelas Ejemplares», donde me permití esbozar un supuesto retrato de mi persona, definiéndome con estas características: «rostro aguileño, de cabello castaño, frente lisa y desembarazada, de alegres ojos y nariz corva, aunque bien proporcionada, las barbas de plata, que no ha veinte años que fueron de oro, los bigotes grandes, la boca pequeña, los dientes ni menudos ni crecidos, porque no tiene sino seis, y esos mal acondicionados y peor puestos, porque no tienen correspondencia los unos con...

EL EXPLICADOR, *interrumpiendo:* Disculpe Don Miguel, veo su dentadura a todas luces perfecta y no atino a comprender porque razón quiso usted falsear la realidad y describirse desdentado... Me parece muy... muy truculento...

DON MIGUEL: Quien sabe... hace ya tantos siglos... Tal vez me movió el vanidoso deseo de querer parecer humilde y cercano al común de mis contemporáneos. Sepa usted, que la gran mayoría de bocas de mi época sufrían escandalosas carencias. Y caries. Carencias, caries y cavidades sin distinción de clase. Y puede que una lúgubre cavidad sin dentadura me pareciese más novelesca, más dramática. Y más capaz de conmover el corazón solidario y monetario de algún poderoso mecenas.

EL EXPLICADOR: Disculpe, pero no dice mucho a favor de su credibilidad, otorgarse una dentadura maltrecha, teniéndola como la tiene bastante saludable...

DON MIGUEL: ¡Y qué más da! Era una descripción literaria, no un informe para la policía. No tenía necesariamente que ajustarme cien por cien a la realidad. Quién, en cualquier época, no ha fantaseado alguna vez con remodelar sus características físicas...

EL EXPLICADOR: Ahí lleva razón, Don Miguel. Si miramos el presente, cada vez son más las personas que se someten a una rinoplastia, una liposucción o cualquier otro arreglo anatómico (*Al público.*) Y quién no ha enviado alguna vez por medio de las redes sociales, una fotografía antigua, de cuando era más joven. O una retocada. O totalmente falsa, perteneciente a otra persona. O siendo hombre, una para hacerse pasar por mujer. Y lo mismo pero al revés. Por no hablar de la gente que se dedica a hinchar su currículum o falsear sus títulos académicos y licenciaturas. Más de una personalidad conocida ha sido señalada por haber cometido ese tipo de apaños.

DON MIGUEL: No me sorprende. Yo conocí en mi época, a más de un avispado que se las daba de bachiller, careciendo en realidad de tan respetable título.

EL EXPLICADOR: Ya que estamos en el tema, ¿qué hay de sus estudios? No está nada claro cuales fueron y dónde los cursó...

DON MIGUEL: Nunca me preocupó detallarlos. Pero le diré algo, las carreras universitarias sirven para que los alumnos inteligentes les saquen un merecido provecho. Y sirven también, para que los alumnos tontos puedan reconvertirse en listos. Por supuesto, un listo se encuentra a mucha distancia de un inteligente, tanta, que jamás le alcanzará. Y volviendo a mi dentadura, qué importancia tiene una muela de más o de menos. Se trata únicamente de unas cuantas piezas de marfil alineadas y destinadas a perpetuarnos más allá de la muerte.

EL EXPLICADOR:...Otro detalle en el que no había reparado en días anteriores, pero que hoy, desde que ha hecho su entrada, me llama poderosamente la atención, es su figura, su masa corporal, su físico. Es bastante menos escuálido del que teníamos por verdadero. Hay por el mundo infinidad de retratos, bustos, estatuas de cuerpo entero y estatuas sedentes que falsean su imagen verdadera. Perdone mi sinceridad,

Don Miguel, pero usted no es magro de carnes, usted está ligeramente gordito, tiene sobrepeso...

El gestor: Yo creo, que a esas estilizadas imágenes supuestamente de Cervantes, el inconsciente colectivo de la gente les otorga una alteridad y las convierte en imágenes de Don Quijote. Se establece un fenómeno de transferencia. (*A Don Miguel.*) ¿Qué opina, usted?

Don Miguel: Puede que tenga algo de razón. Don Quijote me ha hecho inmortal, pero también me ha devorado. En cualquier caso, admito que no es nada saludable el sobrepeso. La imagen oronda de mi buen Sancho, como salida de un cuadro de Botero, no es la más recomendable. Tampoco lo es la de Don Quijote, a todas luces falto de masa muscular. Si Sancho se encuentra al borde de ser presa del colesterol malo, Don Quijote está a un paso de padecer una anemia crónica. Se preguntarán ustedes, porqué, en lo tocante al físico, los describí tan opuestos. Muy sencillo, confiando en que la inteligencia de los lectores y lectoras sabría extraer de dos tipologías tan contrastadas el ideal del término medio para andar por la vida. Ni el peso abotargado de Sancho, ni el peso menguante de Don Quijote.

El explicador: Entiendo, entiendo el simbolismo del gordo y el flaco. Ni el pragmatismo rupestre y primario de Sancho, ni la exaltación febril y romántica de Don Quijote. Ni todo cerebro, ni todo corazón. Ni todo inteligencia, ni todo sentimiento. Ni todo volar con ensoñaciones, ni todo tocar constantemente con los pies en el suelo.

Don Miguel: En el capítulo LI de la segunda parte de la novela, cuando Sancho Panza ejerce como gobernador de la ficticia ínsula de Barataria, Don Quijote le recomienda en una carta: «no seas siempre riguroso, ni siempre blando, y escoge el medio entre esos dos extremos; que en esto está el punto de la discreción.» Respecto a mi falsa apariencia muy menguada en lo físico, deduzco que su propagación tuvo algo que ver con esas imágenes tan enflaquecidas que en mi época puso de moda El Greco. Y seguro que también ha tenido que ver, muchísimo más, con biógrafos, investigadores e historiadores dispuestos a armonizar mi físico con la realidad social de mi época, pródiga en todo tipo de privacidades para la inmensa mayoría de los ciudadanos. Tenga en cuenta que aún existían esclavos. Los españoles de los siglos XVI y XVII pasábamos hambre, escasez y privaciones de todo tipo. Era un hambre persistente, instaurado, que día a día se iba apoderando de los cuerpos hasta dejarlos en los huesos. Los altos impuestos decretados por la Casa Real para sufragar los sueldos de la milicia perteneciente a los famosos tercios, exprimían al pueblo llano. Los bolsillos, exceptuando los de las poderosas familias de unos cuantos banqueros y comerciantes, andaban todos muy menguados de maravedíes.

EL EXPLICADOR: ¿Bolsillos o faltriqueras? Me pregunto Don Miguel, ¿si las prendas de vestir ya disponían de bolsillos?

DON MIGUEL: No sea usted puntilloso. Con bolsillos o sin ellos, la penuria era generalizada. Para que se haga una idea de la escasez económica, sepa que era costumbre que en llegando un viajero a una posada o venta para hacer noche, solicitase «una con limpio». Eso significaba no solo compartir habitación con un desconocido, sino también la cama, a la espera que el compañero ocasional hubiese atendido debidamente a su higiene. Las ciudades eran un hervidero de mendigos, golfos, lisiados, ladronzuelos, prostitutas y busca vidas. Esas cohortes de miserables tan bien expuestas en la ficción por Víctor Hugo, eran menudencias comparadas con las de la realidad. Por lo que he leído y por lo que me han contado, me consta que hoy en día, ustedes son muy afortunados habiendo alcanzado eso que llaman el estado del bienestar.

El explicador: Me temo que corremos el peligro de perderlo si permitimos que los gobiernos queden bajo el control de los que cotizan en el IBEX 35.

Don Miguel: ¡IBEX 35! ¿Qué es, una fórmula mágica?

El gestor: El IBEX 35...

Don Miguel, *interrumpiendo*: Ya me lo explicará en otro momento. ¿Qué le parece si ahora la emprendemos ya con mi literatura?

EPISODIO SEGUNDO

El gestor: Antes de proceder a sumergirnos de lleno en su obra literaria Don Miguel, considero oportuno mantenernos aún en este preámbulo introductorio.

Don Miguel: La literatura, lo importante es mi literatura.

El explicador: Aprovechando este preámbulo, me parece imprescindible que pongamos sobre aviso a nuestros espectadores y espectadoras del lamentable acto añadido a modo de epílogo o colofón. Con su permiso, voy a informar...

El gestor: A su debido tiempo, informaremos...

El explicador: ¡Ahora es el momento! ¡Yo le acuso a usted, de habernos inmiscuido, a Don Miguel y a mí, en un acontecimiento indigno que conlleva un propósito infame! (*Al público.*) Señoras y señores, deben saberlo, al final de todo lo expuesto, procederemos a obsequiarles a todos ustedes...

El gestor, *interrumpiendo*: ¡Porque no se limita a interpretar su papel! No es necesario anticipar lo que ha de venir. Menos aún si es desagradable y nada tiene que ver con la biografía de Don Miguel. ¡Está metiendo usted, la pata hasta el fondo! ¡Tiene usted el desagradable don de sacarme de quicio! (*Sale muy contrariado.*)

EL EXPLICADOR, *a DON MIGUEL*: Allá él si se enfada... Yo me siento obligado a informar.

DON MIGUEL: Pero... ¿de qué informe se trata? Yo no sé nada sobre... ese colofón añadido...

EL EXPLICADOR: Casi me da vergüenza exponer de que se trata... (*Al público.*) Recibirán como ya les he dicho un regalo. Un fatídico obsequio que nos ha sido impuesto por Chema Mecenas y Pepe Mecenas, un par de hermanos gemelos de lo más mafioso, impresentable y adinerado. Ambos propietarios de una industria choricera. Ellos han financiado los costes de esta biografía escénica. Son los productores. Y lo inevitable es que por obligación, por contrato, —un contrato con el que yo nada tengo que ver— vamos a tener que obsequiar a todos ustedes con un lote de sus chorizos. ¡No me cabe en la cabeza que El Gestor haya acabado doblegándose ante tanta humillación!

> *Entra EL GESTOR, en una mano lleva un par de gafas de cristales oscuros. En la otra, sujetos por el cordelito y colgando, lleva dos o tres chorizos del color, diámetro y largura habitual de ese producto charcutero.*

EL GESTOR, *mostrándolos al público*: Esta es la prueba de que detesto a los hermanos Mecenas tanto o más que El Explicador. Cuando firmé el contrato con Chema y Pepe, no se me puso al corriente de todos los detalles...

EL EXPLICADOR, *recriminándole*: Unos chorizos diabólicos que semejan apetecibles y nutritivos cantimpalos, que se etiquetan como ricos en ácidos grasos Omega 3, pero que en realidad son armas esclavizadoras al servicio del capitalismo más explotador. ¡Y usted firmó!

EL GESTOR, *al público*: Lo siento, no saben como me arrepiento, pero lo cierto es que sí, firme el maldito contrato. Son chorizos sometidos a un proceso químico que les otorga unas monumentales propiedades energéticas y proteínicas. Alimentándose exclusivamente con este embutido, se prevé que cualquier currante a sueldo será capaz de mantenerse en su puesto de trabajo veinte horas diarias sin mostrar el más mínimo síntoma de cansancio, la más mínima somnolencia.

EL EXPLICADOR, *al público*: ¡No se engañen, esto no es ficción! Esto es una alerta real puesto que ahora mismo, en este preciso momento, por desgracia, no estamos en modo teatro o novela o biografía. (*A EL GESTOR.*) ¡Lo suyo es inaceptable, éticamente inadmisible!

EL GESTOR: ¡No es necesario que me lo restriegue por la cara constantemente! (*Al público.*) En efecto, por desgracia esto de los chorizos es real, es una penosa realidad que se nos impone, que viene de fuera, que tiene mucho poder, que resulta ser una consecuencia más de nuestra sociedad donde impera un modelo neoliberal que fomenta un mercado totalmente libre y salvaje.

EL EXPLICADOR: ¡No haber firmado! ¡O como mínimo haber exigido la supresión de la cláusula del bochorno! ¡Esa que nos obliga a ser los obsequiadores directos! ¡No podían alquilar un grupo de azafatas! ¡No podían enviarlos a domicilio mediante mensajeros! ¡Nunca desde un escenario, me vi en el trance de tener que ir regalando un chorizo a cada espectador! (*Al público.*)¡Despréndanse de los chorizos tan pronto como pisen la calle! ¡Son perversamente auténticos y peligrosos! Ustedes mismos son sus víctimas potenciales! Cualquier trabajador sometido a esa dieta porcina, se encontrará permanentemente en plenas facultades de trabajo. Rendirá a jornada larga, larguísima, con la misma conformidad que si fuese un buey. Sin la más leve protesta.

EL GESTOR, *al público*: ¡Lo lamento en el alma!, pero esos impresentables hermanos Mecenas, nos imponen sus condiciones. Nuestra única venganza posible, consiste en parodiarles cuando ellos están ausentes. Ya pueden imaginar cómo son de prepotentes, como se exhiben ostentosos cual pavos reales: con su traje azul oscuro o gris marengo. La corbata, siempre de un tono azul gaviota. Los pantalones sujetos con tirantes listados en rojo y gualda emulando a la bandera española. Y como complemento decisivo para redondear su apariencia mafiosa, siempre llevan puestas unas gafas oscuras. (*Muestra los dos pares de gafas que lleva en la mano.*) Idénticas a estas. Pepe y Chema Mecenas representan a la derecha más «derechona», pero no nos queda otro remedio que apechugar con sus exigencias y resarcirnos escarneciéndolos a sus espaldas. Si llegasen a saber algo de esta parodia, me imagino su furibunda reacción...

Le pasa unas gafas a EL EXPLICADOR.

EL EXPLICADOR, *mientras se las pone*: ¡Asco me dan esos hermanos! (*Con rapidez instantánea compone actitud, gesto, movimiento y voz, pasando a ser PEPE MECENAS.*)

EL GESTOR, *se pone el otro par de gafas*: ¡Repugnancia me provocan! (*Con celeridad se transforma en el personaje de CHEMA MECENAS.*)

CHEMA MECENAS, *al público*: ¡Señoras y señores, como es de suponer, quien paga adquiere derechos! ¡Manda! ¡Y nosotros, los hermanos Chema y Pepe Mecenas, mandamos! Pero estamos aquí dispuestos a ser obsequiosos, dispuestos a la generosidad. Cada uno de ustedes recibirá gratuitamente... (*Muestra los chorizos colgantes.*) este lote de nuestros suculentos productos. Esto no es simplemente un producto ibérico, esto es el alimento ¡infalible!

Pepe Mecenas: Y ahora no nos salgan con ese socorrido argumento de que el chorizo es machista y patriarcal. Sortearíamos con el mismo desparpajo una femenina mortadela o butifarra.

Chema Mecenas: Y nada de remilgos ecologistas, el tratamiento químico de los alimentos garantiza su sanidad. Un buen baño de química, elimina totalmente mohos, bacterias, microbios, hongos, etc. Una buena ingesta de chorizo del nuestro inmuniza, estoy convencido, incluso contra el pandémico Coronavirus. Y si encima nos sirve para aumentar considerablemente el horario laboral y con ello los beneficios empresariales, que más se puede pedir.

Pepe Mecenas: La publicidad de los productos que innovan en el mercado, el promocionarlos mediante ofertas, descuentos, sorteos y obsequios son estrategias imprescindibles en el mundo de hoy. A nuestro modo de ver, el teatro necesita además de ser arte, ser prospera industria.

Chema Mecenas: Todo el arte en general precisa integrarse en el mercado libre como cualquier otro producto. Les hablamos como expertos empresarios con muchos años al frente de una multinacional especializada en productos procesados a partir de la carne de cerdo.

Pepe Mecenas: Hoy en día, no hay show posible sin su correspondiente «business».

Don Miguel: ¡Felones! ¡Descastados! ¡Malandrines! ¡No hay ningún peligro en la tierra por donde no se abra camino mi espada para erradicarlo! Suerte tenéis que no ciña en este instante acero alguno. ¡Hasta el tuétano, discrepo yo de vuesas mercedes! Por el bien de las gentes, jamás el supremo tesoro de la cultura puede recibir trato de simple mercancía.

PEPE MECENAS: No sea usted iluso, no nos venga con quijotadas románticas. Lo que conviene a la prosperidad comercial del país es menos cultura y más negocio.

CHEMA MECENAS: Hay que acabar ya, de una vez por todas, con el derroche que suponen las subvenciones. El dinero público siempre es una inversión perdida, raramente se amortiza y jamás se rentabiliza.

PEPE MECENAS: El dinero privado es todo lo contrario: se mueve emprendedor, especula y serpentea en los mercados, cotiza al alza en bolsa y llena los bolsillos de accionistas e inversores. ¡Las cuentas corrientes empresariales, especialmente las de «holdings» y multinacionales crecen sin parar, van sumando ganancias substanciosas, generan una rentable expansión de capital y dan lustre y esplendor!

CHEMA Y PEPE MECENAS, *hablando a dúo*: Nada más por ahora. Anunciado ya nuestro objetivo propagandístico, pueden proseguir ustedes con la cosa cultural. (*Ambos, al unísono, se quitan las gafas, abandonando al instante los personajes de hermanos* MECENAS. *Se guardan las gafas en el bolsillo, al tiempo que* EL GESTOR *se deshace de los chorizos lanzándolos lejos.*)

DON MIGUEL, *con entusiasmo y aplaudiendo*: ¡Aplausos! ¡Aplausos! ¡Y más aplausos! (*A* EL GESTOR.) Sorprendente y convincente. Mis felicitaciones por esa idea de encarnar personajes con el simple aditamento de unas gafas. ¿Lo habían ensayado?

El gestor: Brevemente. Su improvisación quijotesca también ha sido muy acertada. (*Al público.*) Les ruego que sean discretos y cómplices, esta bufonada de las gafas que acaban de leer o presenciar, jamás ha existido.

Don Miguel: Mi colega Quevedo, usaba gafas, unas antiparras de cristales redondos...

El gestor: El modelo se impuso y durante mucho tiempo a ese tipo de gafas redondas se las llamo: unas Quevedo.

El explicador: John Lennon las usaba. (*A Don Miguel.*) Fue un famoso músico, guitarrista, integrante de un grupo que...

Don Miguel, *interrumpiendo***:** Lo sé, lo sé. Y por desgracia murió asesinado. Me he preocupado en recopilar bastantes datos históricos del siglo xx.

El gestor: Esos conocimientos suyos sobre lo más contemporáneo nos pueden venir muy bien para la gran escena final.

El explicador: ¿Sigue con la idea de ese final delirante y totalmente fuera de contexto?

El gestor: Quisiera continuar..., por favor, es su turno de réplica...

El explicador: Replicaré, claro que replicaré. (*Al público.*) ¡Pero antes de replicar según el plan previsto por el señor El Gestor, quiero prevenirles! (*A Don Miguel.*) ¡Y a usted especialmente, le pongo sobre aviso! ¡Ojo! ¡Cuidado! ¡Mecenazgos y patrocinios pueden ser actos de filantropía muy beneficiosos para la cultura, siempre y cuando el dadivoso no intente fiscalizar en lo artístico! El problema surge cuando la dependencia monetaria del escritor o el artista respecto a su productor o mecenas es muy considerable.

Don Miguel: Yo creo que cualquier filántropo, si es persona de buena ley, puede solicitar que su nombre figure grabado en una placa de bronce colocada en un lugar preferente. Es un buen modo de dejar constancia de su generosidad, pero para nada puede inmiscuirse o interferir en el trabajo del escritor. Me temo que no es el caso de esos Hermanos Mecenas...

EL GESTOR: No se preocupe, la integridad de su literatura está garantizada. En cualquier caso, sin el patrocinio de los chorizos químicos, este evento jamás habría conseguido su completa financiación. Es humillante aceptarlo, pero es la cruda realidad, Don Miguel.

DON MIGUEL: Pues vamos ya con mi literatura. Estamos aquí para exponer mi literatura.

EL GESTOR: Antes de adentrarnos en ella, Don Miguel, le ruego que me permita insistir en algunos aspectos de su biografía personal.

DON MIGUEL: ¡Ya es la segunda vez! ¡Dejemos a un lado la biografía personal! ¡Mi literatura, debemos supeditarlo todo a mi literatura!

EL GESTOR: Le aseguro brevedad. Fue a mediados del siglo XX, cuando historiadores y biógrafos se pusieron finalmente de acuerdo para determinar que usted nació en Alcalá de Henares. (*Al público.*) Antes, se le atribuyó haber nacido en Sevilla, Córdoba, Alcázar de San Juan, Consuegra, Lucena, Madridejos, Herencia, Madrid, Valladolid, Toledo, y no sé si en alguna otra localidad...

DON MIGUEL: Debo aclarar que yo fui el primero en fomentar todo ese cúmulo de confusiones sobre la ciudad donde llegué al mundo.

EL EXPLICADOR: Los dientes, su volumen corporal y ahora esto... ¿con qué propósito quiso usted crear confusión sobre su lugar de nacimiento?

Don Miguel: No tiene ninguna explicación lógica..., como no sea querer crear un cierto misterio alrededor de mi persona. Otra razón posible sería la de no querer dejar un rastro de localización debido a las muchas deudas que, tanto yo como mi familia, llegamos a contraer con hacienda, acreedores y prestamistas. Otra hipótesis sostenible es que rehuía concretar donde nací a la espera de alcanzar la gloria como escritor y poder ceder parte de esa gloria a mi lugar de origen.

El explicador: En cualquier caso, como muy bien apunta Andrés Trapiello, uno de los muchos escritores que se han adentrado en su biografía, lo verdaderamente transcendente es que usted naciera. Y para los españoles en particular, que naciera en España, prescindiendo del pueblo, ciudad o provincia que le alumbró.

Don Miguel: Ciertamente, en mi caso y en el de cualquier otro escritor, más que la patria, lo importante es el legado. Pero no sólo la ciudad o pueblo de mi nacimiento ha dado paso a múltiples indagaciones, también mi muerte ha sido investigada. O más concretamente, el lugar donde reposan mis restos.

El explicador: Siempre se había dado por válido que sus huesos permanecían sepultados en el convento de Las Trinitarias de Madrid. Y pese a la certeza, hace algunos años a alguien se le ocurrió demostrar que efectivamente esa era su sepultura.

Don Miguel: Siempre he descansado en ese lugar...

El explicador: Pues hubo un concienzudo empeño en darle veracidad. Se procedió a la búsqueda enconada de su osamenta, de lo que pudiera quedar de ella..., sin escatimar tiempo, dedicación y medios. Un ejército de antropólogos, arqueólogos, paleontólogos y forenses. Sofisticadas técnicas de termografía y localización por geo radar orientadas a la caza de su perfil genético.

DON MIGUEL: Un tesón que yo no sé muy bien si debo agradecer… o considerarlo como una perturbación de mi derecho a descansar en paz. Lo único que a mi parecer justifica tanto empeño en desenterrarme y confirmar con certeza científica que estoy ahí, es esa supuesta teoría de que a mi muerte recibí una primera sepultura en una cripta que luego fue demolida y mis restos trasladados a otra de nueva construcción en el mismo lugar. De modo que tal vez hubo un segundo entierro. Yo no me acuerdo de nada…

EL EXPLICADOR: Tras la exhumación que lo ha corroborado, parece quedar claro que en efecto usted y sus restos tienen por tumba el convento de Las Trinitarias en el barrio madrileño de Las Letras. Llamado así no sé si en su honor o en el del prolífico Don Félix Lope de Vega, también conocido por El Fénix de los Ingenios. (*Al público.*) Mi dramaturgo preferido.

DON MIGUEL, *molesto*: No me apetece nada mezclar a Félix Lope de Vega en esta conversación. Y me parece excesivo que después de hurgar en mi tumba, se lamentasen de que el estado de mis restos no era demasiado óptimo. ¡Hombre, después de 400 años que esperaban…! Madrid es ciudad abierta y receptiva a lo foráneo, pero que yo sepa nunca ha importado las momificaciones egipcias.

EL EXPLICADOR: Si me permite meter baza, Don Miguel. Lo que sí debería ser exhumado sin dilación es el testimonio de la barbarie, todos esos muertos enterrados sin identificar, sepultados en campos y caminos anónimos por los avatares crueles de la guerra civil. La memoria histórica necesita una reparación completa y definitiva.

Don Miguel: Lo que no se puede hacer es exhumar sin ton ni son, exhumar alegremente. Creo que exhumaron ustedes a un célebre pintor ampurdanés y surrealista, ese de los bigotes inhiestos, y el suceso fue un tanto bochornoso...

El explicador: En mi modesta opinión, lo ideal y reconfortante para ponerse a exhumar con ganas, es sentirse autorizado por una sólida razón. Una razón que clame al cielo. Una buena razón de justicia y humanidad indiscutibles. Si al exhumador le asisten razones de ese peso, ya puede alzar la losa con diligencia y ajeno a cualquier reparo. Nadie en su sano juicio va a acusarle de profanador de tumbas. Y menos aún el muerto, que suele tener mucho que ocultar... Lo verdaderamente grave, muy grave, no es profanar tumbas, sino profanar vidas. Un profanador de vidas profesional, que los hay y los ha habido a lo largo de la historia, no tiene perdón de Dios. Ya no digamos si las vidas profanadas se cuentan por millares...

Don Miguel: Lo que verdaderamente cuenta es que tras mucho empeño, así me consta, finalmente exhumaron vuesas mercedes a quien por justicia reparadora se debía expulsar de su mausoleo.

El explicador: Fue una porfía larga...

Don Miguel: ¡Tengo entendido que se prolongó más de cuarenta años!

El explicador: Pero se acabó exhumando, Don Miguel...

Don Miguel: Para exhumación tragicómica y esperpéntica, me imagino que la conoce, la de Valle Inclán en «Las galas del difunto». Menuda profanación de tumba se inventó el gallego de la larga barba. Por cierto y por desgracia, manco como yo. Y para exhumación con tintes trágicos y trastornados la de Felipe «El hermoso» a instancias de Juana La Loca.

Que parece ser estaba bastante cuerda y la manipularon con intrigas palaciegas hasta volverla tarumba.

EL GESTOR: Bien, prosigamos ahora, con la situación planteada en el ensayo de ayer. (*A EL EXPLICADOR.*) Recuerde que usted, debe...

EL EXPLICADOR, *interrumpiendo*: No tengo inconveniente en proseguir con lo de ayer, pero antes es bueno puntualizar, despejar dudas... ¿En realidad, a quién nos dirigimos? ¿Con quién hablamos? ¿Qué público ha de ser el nuestro? ¿Aquel que puede leernos sin moverse de su casa, o aquel que se desplaza a un teatro para vernos y escucharnos? ¡Y suponiendo que se trate del segundo grupo, ¿dónde está en este momento? ¿Tengo un público ante mis narices o no lo tengo? (*Al público.*) ¡Están ustedes ahí? (*Pausa.*) Donde quiera que estén..., sepan que en mi fuero interno todo son dudas... ¡Dudas! ¡Dudas y ninguna certidumbre! (*Nervioso y alterado.*) Todo esto me angustia, me desequilibra, me genera una inseguridad creciente que perjudica a mi salud mental. Actualmente, estoy siguiendo una terapia, me han recetado pastillas y visitas periódicas con el especialista neurólogo...

EL GESTOR: Con todo el respeto para su trastorno psíquico, que me consta es temporal y del todo reversible, la existencia de un público no tiene por qué preocuparle. El público existe y es numeroso. De no ser así, los hermanos Mecenas no invertirían en nosotros.

EL EXPLICADOR: Pero, para gestionar bien mi energía actoral, mi expresividad, necesito saber si ese público nos ve y nos oye, o nos lee.

EL EXPLICADOR: Para uno y otro público somos perfectamente aptos puesto que ambos suelen recibirnos sentados. Poco altera que lo hagan desde un sofá particular de tres plazas o desde una butaca pública, individual y numerada. Su recepción, atenta y nutrida, o en su defecto escasa y distraída, depende únicamente de nuestra capacidad para fascinar y convencer, ya sea haciéndonos captar solo por la vista, o por la vista acompañada del oído.

DON MIGUEL: En mi época, la posible aceptación del público lector, al igual que sucede ahora, podía deducirse por el número de libros vendidos, pero esa venta no garantiza que el libro haya convencido y satisfecho a su potencial lector. No garantiza que después de una breve ojeada, no repose para siempre, cerrado y polvoriento, sobre la mesilla de noche. Bien al contrario, la buena o mala acogida del público teatral era muy explícita. Mostraba su agrado con entusiásticos vítores y aplausos. O por el contrario, exhibía toda su desaprobación sometiendo a los cómicos al oprobio de una gran bronca acompañada con lluvia de pepinos, tomates, lechugas y toda suerte de hortalizas y frutas podridas. Incluso podía caerles encima alguna rata muerta. De semejante trance siempre consiguieron salir indemnes mis piezas de teatro. Y de ello deje constancia en un párrafo del prólogo para la edición de mis «Ocho comedias y ocho entremeses.» Lo escribí en estos términos: «...compuse en este tiempo hasta veinte comedias o treinta, que todas ellas se recitaron sin que se les recibiese con ofrenda de pepinos ni otra cosa arrojadiza; siguieron su carrera sin silbidos, gritos ni barahúndas».

CUADRO TERCERO

EL GESTOR: En el aspecto de la recepción espontánea, podría decirse que fue usted un dramaturgo afortunado. Aunque si mis datos biográficos son certeros, su vocación por escribir teatro y novela fue una segundona. (*Al público.*) Es posible que esta información pueda defraudar aquellos de ustedes que se consideren pacifistas y antimilitaristas, pero la considero imprescindible. Lo cierto, es que el primer propósito profesional de Don Miguel, fue afianzarse en la carrera militar. (*A DON MIGUEL.*) ¿Corrobora mis palabras?

DON MIGUEL: Hubo un corto período de tiempo en que no veía mi futuro en la incierta esgrima del verbo, sino en la del acero. Pero no hace falta extenderse en detalles, todo el mundo sabe que luché en la batalla de Lepanto. ¿Podemos pasar ya a la literatura?

EL GESTOR: Es muy importante ese período suyo en la milicia, no podemos pasarlo por alto, Don Miguel

EL EXPLICADOR: Importante no, ¡importantísimo! No es lo mismo ser militar que emplearse en cualquier otro oficio. Dedicarse a luchar integrándose en un ejército profesional, implica un compromiso ético que escapa a lo común y que actualmente es muy cuestionado...

DON MIGUEL, *al público*: En mi época, hacerse soldado era un buen recurso para escapar de la miseria instaurada en todo el país. Ser soldado significaba la garantía de un sueldo. A veces exiguo, pero en cualquier caso asegurado. La galería de oficios era bastante limitada y prácticamente no existían ofertas de trabajo. La certeza de permanecer siempre en el paro superaba enormemente a la esperanza de conseguir un empleo. Una situación que podía arrastrar a la desesperación a hombres, mujeres y niños. Ustedes ya no sufren esa desgracia.

EL GESTOR: No la sufrimos hasta cierto punto...

EL EXPLICADOR: Yo no confiaría demasiado pensando en el futuro... Se intenta justificar la necesidad de congelar las pensiones y vete a saber si no se acaba queriendo rebajar el sueldo base.

DON MIGUEL: En el siglo que me tocó vivir, uno de los pocos empleos bien remunerados y con trabajo continuado era el de herrero especializado en la forja de armas blancas de hoja larga: las épicas espadas que tanta gloria han dado a las obras de teatro llamadas de «capa y espada»

EL EXPLICADOR: A las de Lope de Vega, principalmente.

DON MIGUEL: ¡Estamos hablando de espadas, no de obras teatrales!

EL EXPLICADOR: Las hay que han alcanzado enorme fama. Como la «Excalibur» del rey Arturo. O la «Joyeuse» del emperador Carlomagno.

DON MIGUEL: O la legendaria «Durandal» del cantar de Roldán. Por no hablar de la «Tizona» de El Cid. O retrocediendo un poco más, de la «Cercena Orejas» del Apóstol San Pedro.

EL EXPLICADOR: O de la «Láser» de la Guerra de las Galaxias.

EL GESTOR: O sin retroceder demasiado, de aquellas inofensivas espadas de madera construidas por ellos mismos, por tantos niños pobres. Niños jugando en la calle, emulando al Capitán Trueno o al Guerrero del Antifaz. Niños con padres y madres sin recursos económicos para entrar en las tiendas de juguetes de una España gris y triste.

DON MIGUEL: ¿Y las niñas? ¿A qué jugaban las niñas en esa época oscura?

EL GESTOR: Jugaban con muñecas vestidas de azul con su camisita y su canesú. Sencillas muñecas de trapo rellenas de serrín para la mayoría. Y modeladas en exquisita porcelana para las pocas niñas con padres ricos.

EL EXPLICADOR: ¡Mala época aquella! Exiguas meriendas de pan con pan, espadas de madera y muñecas de trapo en la represiva posguerra impuesta por el generalísimo Franco. El Comandantín, le llamaban sus compañeros de promoción. Era bajito y de voz aflautada.

EL GESTOR: Voz de pito la del exhumado...

EL EXPLICADOR: Talmente un risible hilillo de voz...

EL GESTOR: Aunque suficientemente siniestra voz para proclamar golpes de estado, persecuciones, encarcelamientos y penas de muerte.

EL EXPLICADOR: «Viva la muerte» gritaban los legionarios de Millán Astray

EL GESTOR: La muerte, en el filo de los alfanjes afilados de la Guardia Mora.

EL EXPLICADOR: La dama de la guadaña, cercenando hasta la raíz el buen hacer de La República. ¡Trágico!

EL GESTOR: Como escribió el presidente Manuel Azaña, la muerte es...

DON MIGUEL, *interrumpiendo***:** ¿Les parece que pongamos fin a los preámbulos y al tema muerte, para hablar ya de la vida? Mayormente, de mi vida de escritor. (*Al público.*) Espero no parecer demasiado vanidoso, pero ardo en deseos de exhibirme ante ustedes como literato mostrándoles retazos de mi teatro, mi poesía, mi novelística.

EL GESTOR: ¡Hablemos de la vida Don Miguel! Mientras usted se arranca, yo voy a por su libro capital. (*Sale.*)

PASAJE CUARTO

Don Miguel, *al público*: ¡Señoras y señores, llega mi gran novela! ¡La que sin duda más esperan y más conocen! Esa que para bien o para mal ha eclipsado todo el resto de mi creación. ¡Llega pues, mi universal «Don Quijote de la mancha»! ¡Parte Primera. Capítulo IV. Fragmento!

Entra El Gestor, lleva en sus manos la novela Don Quijote de la Mancha.

El gestor, *leyendo*: No había andado mucho, cuando le pareció que a su diestra mano, de la espesura de un bosque que allí estaba, salían unas voces delicadas, como de persona que se quejaba; y apenas las hubo oído, cuando dijo:

El explicador, *encarnando a Don Quijote*: Gracias doy al cielo...

Don Miguel, *interrumpiendo*: ¿Lo hace él, o lo hago yo?

El gestor: Usted, lo hace usted... (*A El Explicador*.) Quedó dicho por mi parte, que hoy Don Quijote lo interpretaba Don Miguel. Usted, pruebe con el brutal Juan Haldudo. Seguimos...

Don Miguel, *encarnando a Don Quijote*: Gracias doy al cielo por la merced que me hace, pues tan presto me pone ocasiones delante, donde yo pueda cumplir con lo que debo a mi profesión, y donde pueda coger el fruto de mis buenos deseos. Estas voces, sin duda, son de algún menesteroso o menesterosa, que ha menester mi favor y ayuda.

El gestor, *leyendo*: Y volviendo las riendas, encaminó a Rocinante hacia donde le pareció que las voces salían. Y a pocos pasos que entró en el bosque, vio atada una yegua a una encina, y atado a otra un muchacho, desnudo de medio cuerpo arriba, hasta la edad de quince años, que era el que las voces daba, y no sin causa, porque le estaba dando con una pretina muchos azotes un labrador de buen talle, y cada azote le acompañaba con una reprensión y consejo porque decía:

JUAN HALDUDO: La lengua queda y los ojos listos.

EL GESTOR: Y el muchacho respondía:

ANDRÉS, *interpretado por EL GESTOR, sin leer*: No lo haré otra vez, señor mío; por la pasión de Dios, que no lo haré otra vez, y yo prometo de tener de aquí adelante más cuidado con el hato.

EL GESTOR: Y viendo Don Quijote lo que pasaba, con voz airada dijo:

DON QUIJOTE: Descortés caballero, mal parece tomaros con quien defender no se puede. Subid sobre vuestro caballo, que yo os haré conocer ser de cobardes lo que estáis haciendo.

EL GESTOR, *leyendo*: El labrador, que vio sobre sí aquella figura llena de armas, blandiendo la lanza sobre su rostro, se tuvo por muerto, y con buenas palabras respondió:

JUAN HALDUDO: Señor caballero, este muchacho que estoy castigando es un criado que me sirve para guardar una manada de ovejas que tengo en estos contornos; el cual es tan descuidado, que cada día me falta una; y porque castigo su descuido o bellaquería, dice que lo hago de miserable, por no pagarle la soldada que le debo, y en Dios y en mi ánima que miente.

DON QUIJOTE: ¿Miente delante de mí, ruin villano? Por el sol que nos alumbra que estoy por pasaros de parte a parte con esta lanza: pagadle luego sin más réplica; si no, por el Dios que nos rige, que os concluya y aniquile en este punto. Desatadlo luego.

EL GESTOR, *leyendo*: El labrador bajó la cabeza, y sin responder palabra desató a su criado, al cual preguntó Don Quijote que cuánto le debía su amo. Él dijo que nueve meses, a siete reales cada mes. Hizo la cuenta Don Quijote y halló que montaban sesenta y tres reales, y dijo al labrador que al momento los desembolsase si no quería morir por ello. Respondió el medroso villano que no eran tantos; porque se le habían de descontar tres pares de zapatos que le había dado, y un real de dos sangrías que le habían hecho estando enfermo.

DON QUIJOTE: Bien está todo esto; pero quédense los zapatos y las sangrías por los azotes que sin culpa le habéis dado; que si él rompió el cuero de los zapatos que pagasteis, vos les habéis roto el de su cuerpo; y si le sacó el barbero sangre estando enfermo, vos en salud se la habéis sacado; así que por esta parte, no os debe nada.

JUAN HALDUDO: El daño está, seños caballero, en que no tengo aquí dineros; véngase Andrés conmigo a mi casa, que yo se los pagaré un real sobre otro.

ANDRÉS, *interpretado por EL GESTOR*: ¿Irme yo con él? ¡Mal año! No, señor, ni por pienso; porque, en viéndose solo, me desollará como a un san Bartolomé.

DON QUIJOTE: No hará tal: basta que yo se lo mande para que me tenga respeto; y con que él me lo jure por la ley de caballería que ha recibido, le dejaré ir libre y aseguraré la paga.

ANDRÉS: Mire vuesa merced, lo que dice, que este mi amo no es caballero, ni ha recibido orden de caballería alguna; que es Juan Haldudo el rico, vecino de Quintanar.

DON QUIJOTE: Importa poco eso, que Haldudos puede haber caballeros; cuanto más que cada uno es hijo de sus obras.

ANDRÉS: Así es verdad; pero este mi amo, ¿de qué obras es hijo, pues me niega mi soldada y mi sudor y trabajo?

Juan Haldudo: No niego hermano Andrés, y hacedme placer de veniros conmigo, que yo juro por todas las ordenes que de caballerías hay en el mundo de pagaros como tengo dicho, un real sobre otro, y aun perfumados.

Don Quijote: Del perfumado os hago gracia; dádselos en reales, que con esto me contento; y mirad que lo cumpláis como lo habéis jurado; si no, por el mismo juramento os juro de volver a buscaros y a castigaros, y que os tengo que hallar, aunque os escondáis más que una lagartija. Y si queréis saber quién os manda esto, para quedar con más veras obligado a cumplirlo, sabed que yo soy el valeroso Don Quijote de la Mancha, el desfacedor de agravios y sin razones; y a Dios quedad, y no se os parta de las mientes lo prometido y jurado, so pena de la pena pronunciada.

El gestor: Y en diciendo esto, picó a su Rocinante, y en breve espacio se apartó de ellos. (*Cierra el libro y al público.*) Con la aprobación de Don Miguel, he decidido sustituir las palabras sahumados y sahumerio en el original, por perfumados y perfumado para una mejor y más rápida comprensión del significado. Hecha esta aclaración, no me negaran ustedes que la actualidad del fragmento seleccionado es absoluta. Se me hace extraño que Bertolt Brecht, en algún momento no lo incorporase al repertorio de su teatro político.

El explicador, *a El Gestor*: Qué le ha parecido mi interpretación de Haldudo?

El gestor: Convincente. Se la adjudico.

El explicador: Los personajes reprobables son muy agradecidos. Es más fácil lucirse con un villano que con un santo varón.

ESCENA QUINTA

Año 1973. Barcelona. Teatro Romea. Damià Barbany, —aquí en la faceta de actor— interpretando el personaje del pastor Andrés en una adaptación para público infantil de *Don Quijote*, según dramaturgia de Jaume Melendres y dirección de Francesc Alborch. ©PAU BARCELÓ

EL GESTOR, *al público:* En la continuación del capítulo que acabamos de ofrecerles, Haldudo, a la que se ha marchado Don Quijote; continúa propinando una soberana y feroz paliza al pastorcillo Andrés, y finalmente, satisfecho y burlón, le despide y le envía a buscar la protección del caballeresco salvador de los débiles y desfacedor de entuertos. El pobre Andrés se va sin empleo, dolorido y llorando. Y el desalmado Haldudo se queda tan pancho, riendo a carcajadas.

El explicador: El cruel propietario del rebaño representa ese abuso de poder tan característico de terratenientes, amos, empresarios y demás panoplia de ricos y poderosos, desgraciadamente tan persistente a lo largo de la historia. Hasta el punto que parece imperecedero y se ejerce con idéntica mala leche e impunidad ahora, en el siglo XXI, como se ejercía en el XVI y XVII. El único cambio radica en que de administrar rotundas palizas se ha pasado a suministrar el máximo estrés que genera la constante incertidumbre sobre la conservación o no del puesto de trabajo. Máximo estrés incentivando el miedo del asalariado ante el despido sin indemnización alguna. El pastorcillo Andrés es un símbolo de los oprimidos, de los marginados, de los injustamente explotados de ayer y de hoy. De los sometidos a contratos temporales y contratos basura. Y me pregunto y le pregunto a usted, Don Miguel, si Andrés podría haberse comportado como un personaje menos quejica, no tan sumiso, no tan resignado.

El gestor: ¿A quién podía recurrir el pobre muchacho?

El explicador: Del mismo modo que hoy podría denunciar el abuso que sobre él se ejercía, como mínimo en las redes sociales, pudo haber denunciado Haldudo ante el alcalde del pueblo o los alguaciles.

El gestor: ¿Unos alguaciles y un alcalde probablemente sobornables por Haldudo? Como acabamos de escuchar, los Haldudo constituían una familia rica y poderosa del pueblo de Quintanar.

El explicador: Pudo huir, pudo plantar cara, pudo reivindicar de algún modo sus derechos. Evidentemente, no existía un sindicato de pastores, pero tal vez si una especie de gremio... Probablemente los pastores de la región se conocían entre ellos. Algún tipo de solidaridad corporativa es posible que existiera...

Lo cierto es que tanta pasividad por parte de Andrés, aporta poca acción al argumento del capítulo. (*A Don Miguel.*) Ahí, a su talento de escritor le falto pensar en la lucha de clases.

Don Miguel: Pierde usted el tiempo en disquisiciones fuera de lugar. Habla como un individuo del siglo XXI. Se entiende, puesto que es esa su época. Pero no es la de Andrés. El pastorcillo apaleado no podía saber nada sobre transformaciones futuras de la sociedad. No podía tener conocimiento alguno de los logros venideros que servirían, creo que más en la teoría que en la práctica, para que los de abajo no se dejasen pisotear tanto por los de arriba. Todo eso que ustedes llaman conciencia de clase, revolución proletaria, marxismo, comunismo, socialismo, derechos humanos, anticapitalismo, sindicatos obreros, antisistema, etc., ni por asomo podía pasar por la sesera de Andrés. (*Al público.*) Respecto al argumento de la novela, escribí en mi capítulo XXXI de la primera parte, un nuevo encuentro entre Andrés y Don Quijote. Lo primero que hace el pastor es comunicarle a Don Quijote que pese a su intermediación justiciera, Haldudo no sólo no procedió a abonarle los sueldos que le debía, sino que a la que él se perdió de vista, Haldudo volvió a propinarle golpes y más golpes con más saña que antes. Y advierte encarecidamente a Don Quijote, que en caso de volver a encontrarle en una situación apurada, se abstenga muy mucho de prestarle auxilio como estrafalario caballero andante.

El explicador: Don Quijote queda ahí muy desmitificado...

Don Miguel: Queda como lo que yo quiero que sea, como un personaje delirante y tragicómico, sin ninguna pátina especialmente heroica.

El explicador, *a El Gestor*: Interpretativamente hablando, no es nada fácil conseguir hacerse con el personaje de Don

Quijote. Bien dirigido, yo podría interpretarlo con mucha relevancia, con más entidad y matices que Don Miguel. Por supuesto, estaríamos hablando de contratar a un auténtico director de escena. Un rol, no se ofenda, que queda fuera de sus posibilidades. Usted, de teatro, debe reconocerlo, no tiene demasiada idea...

EL GESTOR: Mis posibilidades objetivas no pueden ser mesuradas desde su subjetividad tan interesada. Enseña demasiado el plumero, señor mío...

EL EXPLICADOR: Mi plumero, como usted lo llama, tiene forma de brillante currículum. (*Al público.*) Durante veinte años ininterrumpidos trabajé en París como actor miembro «sociétaire» de la casa del teatro más importante de Francia: El Teatro Nacional de la «Comédie Francaise». Y ahora, ya ven, estoy aquí... metido en esto. Aún no entiendo que me ha llevado a firmar el contrato..., me siento desubicado, muy desubicado... (*Saca un tubo de pastillas del bolsillo y se traga un par.*)

EL GESTOR: Usted está aquí por dinero. Firmó su contrato la mar de satisfecho porqué sus elevados emolumentos se le abonaron anticipadamente y su caché fue aceptado sin regatearle ni un sólo céntimo. Y lo que usted despectivamente llama «esto» es un evento que gira alrededor de un único protagonista: Don Miguel de Cervantes Saavedra.

DON MIGUEL: Estábamos comentando mi Don Quijote...

EL EXPLICADOR, *interrumpiendo***:** Y yo estaba argumentando que su Don Quijote escrito, tal como usted lo concibió, es, —considerado desde su emisión en forma de libro— una figura permanente e inamovible. Pero su Don Quijote fuera del libro, recreado por un actor, pasa a ser menos suyo y puede adquirir nuevos matices. Puede aportar al público nuevas percepciones.

(*Al público.*) Se preguntarán, qué puedo aportarle yo al personaje. Para empezar, sentirme liberado de una implicación directa, libre de la subordinación que supone ser el padre de la criatura. Yo, a diferencia de Don Miguel, puedo captar perfectamente todos los recovecos sociales y psicológicos que subyacen en el personaje porque lo puedo observar y examinar desde una perspectiva distanciada. Puedo calibrarlo, juzgarlo, situarlo, puedo entender que viene a simbolizar una utopía inalcanzable pero necesaria. Puedo advertir que Don Quijote, lo que en el fondo persigue es humanizar su árida realidad, la suya particular y la de la sociedad donde vive. Y el público espectador, al contemplar a ese Quijote sobre un escenario, también se humaniza y se convierte en un poco utópico, en un poco deseoso de ser mejores personas. Y esa percepción en directo es muy positiva, cala más hondo que la lectura. Y para hacerla presente y comunicable, es imprescindible dominar el oficio de actor. En el pasaje que acabamos de ofrecerles, la visible actitud solidaria de Don Quijote, penetra en el público y estimula su empatía en la medida en que percibe la gran bondad que subyace en el personaje y adivina la mezquindad y maldad de Haldudo que se hará presente después de su partida.

DON MIGUEL: Supongo que usted es un magnífico actor, puesto que no para de venderse como tal... Pero hay que poner muchísima atención en no caer en interpretaciones trascendentales, porque mi Don Quijote, lo vuelvo a repetir, no es un héroe, sino más bien un antihéroe. No es un personaje romántico, no lo escribí como tal. Y le aseguro que con plena intención y razonamiento lo escribí pensando en que fuese leído, no diseccionado sobre un escenario. Mi Don Quijote tiene mucho de personaje cómico, al igual que Sancho. Hay mucho humor en su perfil, mucha ironía. Don Quijote es un personaje con hondura humana y al mismo tiempo es casi caricaturesco. Es realista sin dejar de ser visionario y el error está en que el paso de los años ha ido incrementando la tendencia a espiritualizarlo, a convertirlo en mito. Tomándose a mi Don Quijote demasiado en serio se pierde el carácter festivo y lúdico de la novela. Y si se diluye ese carácter mi intención crítica en contra de las novelas caballerescas pasa más desapercibida.

EL EXPLICADOR: Pero ese tipo de novelas fueron muy aceptadas.

DON MIGUEL: Aceptadas por el vulgo y desdeñadas por la poca gente culta de aquel tiempo. Pero mi Don Quijote, es crucial, porqué señala un antes y un después. Disculpen este arrebato de soberbia, pero es gracias a la incidencia de mi novela, que la mala literatura de las caballerescas pasa a ser ya definitivamente catalogada como el exponente de cursis florituras, de fantasías gratuitas y disparatadas.

EL GESTOR: ¿Sin excepciones?

DON MIGUEL: Con las justas, como por ejemplo el «Tirant lo Blanc» de Joanot Martorell, o las «Leyendas Artúricas» de Chrétien de Troyes

EL EXPLICADOR: ¿Y no supone una contradicción a su propósito, que el público lector se identifique favorablemente con el Ingenioso Hidalgo?

DON MIGUEL: No me cabe la menor duda de que se trata de un público lector inteligente. Aquello que debe despertar simpatía y complicidad hacia mi Don Quijote, haciéndole al mismo tiempo risible, patético y entrañable es su particular honestidad. Su compromiso y fidelidad a sí mismo. Su exageradísimo honor de caballero andante. Si por algo es ejemplar, es por su integridad fuera del razonamiento común. Lo es, sin ninguna necesidad de mitificarlo. Lo es, viéndole tan orgullo-samente contaminado por sus sueños y delirios resultantes de tanto leer libros de caballerías.

EL GESTOR: Una constante obsesiva y desquiciada que como bien puede observar cualquier lector, le lleva a continuos fracasos y decepciones. Y pese a ello, él no renuncia, porfía y porfía en su afán por deshacer entuertos y proteger al débil. En algún momento el vitriólico Voltaire, argumento: «Don Quijote se inventa pasiones para ejercitarse». Pasiones para ejercitarse y para que usted Don Miguel, haya podido escri-bírselas a la medida de esa locura tan peculiar y intransferible desde la cual Don Quijote contempla el mundo y trata de corregirlo a su manera...

DON MIGUEL: Si me permite intervenir, la razón por la que lo hice un tanto loco y delirante, fue sencillamente para poder escribirle escenas inverosímiles que el lector pudiese aceptar únicamente como posibles des de la condición trastornada del personaje. Y si se produce esa aceptación razonada, la mirada del lector se enriquece, se hace más inteligente. En la segunda parte de la novela, en el capítulo XVIII, hago que el personaje del estudiante-poeta Don Lorenzo le defina con muy buen tino: «es un entreverado loco, lleno de lúcidos intervalos.»

EL GESTOR: En su libro «El infinito viajar» Claudio Magris nos dice: «la locura de Don Quijote es, de alguna manera, realista y vidente. Mucho más, desde luego que la utopía de quien ve sólo la fachada de las cosas y la toma por la única e inmutable realidad.»

EL EXPLICADOR: Lo cierto es que se ha vertido mucha tinta especulando sobre la locura de Don Quijote. En un artículo publicado en «Depth», una revista científico divulgativa australiana, se insistía mucho en la paranoia del personaje, constantemente obsesionado por la idea de sentirse perseguido por encantamientos y trucos de magia negra que subvierten la realidad y de ese modo impiden el éxito de sus aventuras.

EL GESTOR: Don Quijote cree, capítulo tras capítulo, que todos los peligrosos enemigos contra los que arremete y que al final resultan ser objetos o seres inofensivos, en realidad sí son enemigos, pero alguna suerte de encantamiento los ha transformado.

EL EXPLICADOR: Tenemos a Don Quijote paranoico y a Don Alonso esquizofrénico. Menudo panorama clínico... Mi dolencia, al lado de tanto desajuste mental, me parece una tontería.

DON MIGUEL: Todas esas tesis y concienzudos estudios sobre la locura de Don Quijote, argumentando complicadas patologías, todas esas disertaciones y ensayos para demostrar que está afectado de esto o de lo otro..., no digo que no sean interesantes, pero francamente, me parece que apelan a una rigurosidad científica bastante innecesaria y exagerada. Lo digo como padre de la criatura. Prueba de que no lo concebí como un demente clínico es que en la segunda parte, hacia el final, cuando Don Quijote ha sido derrotado en Barcelona por el Caballero de la Blanca Luna, se aviene a la conveniencia de volver a la normalidad, regresar a su aldea y olvidándose de su caballero andante, recuperar la cordura de Don Alonso Quijano

EL EXPLICADOR: Perdone Don Miguel, ¿es Quijano, Quijana, Quijada o Quesada? Porque de las cuatro formas aparece el apellido de Don Alonso a lo largo de la novela...

DON MIGUEL: En el inicio de la novela, el narrador que nos introduce en el relato da muestras de no poseer todos los archivos sobre la historia de Don Quijote. Nos habla de un lugar de la Mancha de cuyo nombre no quiere acordarse. ¿No quiere, o no puede porque no sabe?

EL EXPLICADOR: Disculpe Don Miguel, pero ese mismo narrador acude a los buenos datos que le proporciona Cide Hamete Benengeli, un historiador.

DON MIGUEL: Un historiador inventado por mí y como delatan su nombre y apellidos de procedencia extranjera. Su extranjería le autoriza a una cierta desinformación.

EL EXPLICADOR: Que en un capítulo se le llame Quijano, en otro Quijana, y en otro Quijada es muy desconcertante... ¡Por no hablar, ya como el colmo del galimatías..., cuando se le llama Quesada!

DON MIGUEL: ¡Quesada! No recuerdo haber escrito un Quesada... En cualquier caso, no es importante...

EL EXPLICADOR: ¡No pretenda usted, hacerme quedar como un embustero! (*A EL GESTOR.*) ¿Hay o no hay ese Quesada?

EL GESTOR: Ahora mismo no sabría decirle... (*Al público.*) Caso de haber leído la novela entera, ¿alguno o alguna de ustedes recuerda haber detectado algún Quesada infiltrado entre tantas y tantas páginas?

DON MIGUEL: Mis muchos lectores y lectoras, seguro que habrán observado que en más de un capítulo, el narrador hace referencia a un árbol, el tronco del cual puede ser una buena apoyatura para que Don Quijote, descanse su espalda maltrecha después de alguna infortunada aventura. O también puede ser un techo protector, cuando caballero y escudero deciden pasar la noche al raso. En uno y otro caso, el árbol, tanto puede ser encina, como alcornoque, como castaño, como etc. El narrador, elige uno u otro espécimen a su libre albedrío... Es más, a vece habla de árbol o árboles, sin una identidad botánica concreta...

EL EXPLICADOR: Pero Don Miguel, lo de los cuatro apellidos...

DON MIGUEL, *molesto***:** ¡Insiste!

EL EXPLICADOR: ¡Claro que insisto! Además, no soy yo el único que detecta errores e incongruencias en su Don Quijote. En su libro «Curso sobre Don Quijote», Vladimir Nabokov, critica...

DON MIGUEL, *interrumpiendo***:** ¡Critica insignificantes fallos con la inteligente intención de resaltar grandes aciertos! Y si ese escritor le merece un mínimo respeto, antes que hablar de sus libros menores, debemos parar atención en su «Lolita». La mayoría de la gente le conoce únicamente por esa controvertida novela. (*Al público.*) Osado Nabokov, al atreverse a mostrar el personaje de un hombre que peina canas, deseando fervoroso a una niña que apenas empieza a tener pelillos en el pubis. (*A EL EXPLICADOR.*) Yo le admiro como escritor, ahí me afirmo. Y puede que tenga dudas sobre si debo o no debo cuestionar su moralidad...

EL EXPLICADOR: ¡La incoherencia del asno!

DON MIGUEL: ¡Ahora me insulta! (*A EL GESTOR.*) ¡Me ha llamado asno! (*A EL EXPLICADOR.*) ¡Como se atreve! Sepa usted, que la duda y la contradicción a menudo se sustentan en la reflexión inteligente. ¡Exijo que se retracte!

EL GESTOR: ¡Señores, calma!

EL EXPLICADOR, *a DON MIGUEL***:** No se altere, el asno no va con usted. Asno incoherente y fantasma es el de Sancho Panza, que tan pronto está, como no está. (*Al público.*) Hay un capítulo, en el que a Sancho, mientras duerme en el bosque junto a su señor caballero, le roban el burro. A la mañana siguiente, el escudero lamenta y llora la pérdida de su rucio.

Pues bien, atentos a la soberana incoherencia, en el capítulo siguiente, de forma incomprensible, Sancho continua en posesión de su rústico jumento. ¿Se lo habían o no se lo habían robado? Casi de inmediato, vuelve a carecer del burro. Y a continuación, como por arte de magia, vuelve a poseerlo. La novela prosigue hasta que, finalmente, llegamos a un capítulo donde Sancho vuelve a recuperar su asno al coincidir con el ladrón que se lo había robado.

DON MIGUEL: De ese robo del burro doy cuenta en la segunda parte de la novela, en el capítulo IV. Ahí expongo —disculpen mi inmodestia— con buen oficio y buen ingenio como fue sustraído el animal. En boca de Sancho pongo el modo y pormenores: «...mi señor y yo nos metimos entre una espesura, adonde mi señor arrimado a su lanza, y yo sobre mi rucio, molidos y cansados de las pasadas fatigas, nos pusimos a dormir como si fuera sobre cuatro colchones de pluma; especialmente yo dormí con tan pesado sueño, que quienquiera que fue tuvo lugar de llegar y suspenderme sobre cuatro estacas que puso a los cuatro lados de la albarda, de manera que me dejó a caballo sobre ella, y me sacó debajo de mí al rucio, sin que yo le sintiese»

EL EXPLICADOR: ¡Es el colmo de lo rocambolesco! ¡Quién puede creerse que el ladrón deja en suspenso la silla, es decir la albarda, mantenida en el aire por la sujeción de cuatro palos dispuestos en vertical y Sancho no se entera! ¡El sistema de robo no tiene la más mínima credibilidad!

DON MIGUEL: El público gusta de todo aquello que se aleja de lo cotidiano. Lo imaginativo, lo portentoso le subyuga y atrapa.

EL GESTOR: ¡La imagen es fantástica! ¡Un tipo durmiendo a horcajadas sobre una albarda, bajo la cual no existe caballería alguna! ¡Es como una imagen de Federico Fellini! ¡Es genial!

EL EXPLICADOR: Dar una esforzada razón sobre cómo se efectuó el hurto, no justifica el error de ver a Sancho montado sobre el mismo asno que antes le había sido robado.

DON MIGUEL: Quién puede asegurar que esa circunstancia cambiante de un burro que está y no está, no sea un simple error de imprenta. O un error de traducción cuando los escritos del historiador Cide Hamete Benengeli fueron traducidos del arábigo al castellano.

EL EXPLICADOR: ¡Es exasperante como escurre usted el bulto! Hamete Benengeli no existe, salvo en su cerebro de escritor. Lo único admisible es el error de imprenta. Y puedo aceptar que un árbol sea este o aquel. Puedo admitir que el error del burro sea menor y disculpable. Pero un apellido otorga identidad y exige detalle preciso. ¿Quijano, Quijana, Quijada o Quesada, con qué nos quedamos?

DON MIGUEL: Nos quedamos con todo, ya que son justamente esas imprecisiones las que van otorgando credibilidad a la novela. Recuerde que al final de la primera parte, habiendo llegado ya hasta el capítulo LII, hago aparecer nuevos archivos, datos y hazañas sobre Don Quijote, en el interior de una caja de plomo hallada en las ruinas de una antigua ermita.

EL EXPLICADOR: Reconozco su creatividad literaria, pero me reafirmo en que la disparidad léxica sobre el apellido de Don Alonso, provoca que los lectores y lectoras se desconcierten y pierdan momentáneamente la ubicación. Con todos los respetos, en determinados aspectos su novela no es precisamente un modelo de estructuración, señor Don Miguel. Es mi opinión y la de Vladimir Nabokov.

DON MIGUEL, *ofendido*: ¡No se hable más! ¡Lo suyo es descortesía y temeridad! ¡Que le lleve el diablo!

EL EXPLICADOR: Hombre, Don Miguel...

DON MIGUEL: ¡Que le lleve!

EL EXPLICADOR: Reconozca que no me falta razón, Don Miguel...

DON MIGUEL, *con ira:* ¡No le soporto! ¡El diablo le lleve! ¡Le reto a duelo! ¿Espada o pistola?

EL GESTOR: Serénese Don Miguel...

DON MIGUEL, *a EL GESTOR:* ¡Y a usted también! ¡El diablo le lleve! (*A EL PÚBLICO, muy airado.*) ¡No es la primera vez que se me crítica con demasiada ligereza, gratuitamente! ¡Lope de Vega, dijo una vez que mis poemas eran como un plato de huevos estrellados, pero mal estrellados! (*Furibundo.*) ¡Al diablo! ¡Al diablo todo el mundo! (*De inmediato, cambia de expresión, mostrándose calmado, amable y sonriente.*) El humor, tanto en la novela como en el teatro es fundamental. Hay que desconfiar de todos aquellos textos donde una cierta intención irónica, una traslación de lo cómico a lo dramático o viceversa, no se haga presente de forma más o menos explícita. Recuerdo que en el año 1615, para el prólogo de la edición de mis «Ocho comedias y ocho entremeses» escribí: «He dado a los escenarios, además de las obras conservadas y perdidas, una nueva estructura de las representaciones y las incorporaciones de los vicios y las virtudes a los tablados. Todo ello, escrito con seriedad y sentido del humor: las mentes simples no saben apreciar que la seriedad y el sentido del humor no tienen por qué estar reñidos.» (*A EL EXPLICADOR.*) Se ha tragado usted, mi furia desbocada, la ha creído auténtica. Tal vez eso prueba que no soy un mal actor...

JORNADA SEXTA

EL GESTOR: Coincido plenamente con usted, Don Miguel. Cualquier ficción carente de un cierto sentido del humor puede considerarse como deficitaria o incompleta. Para mí, uno de los momentos con más sentido del humor, más insólitos, espectaculares, «clownescos» y mejores de la novela de Don Quijote, es aquel en que después de beberse un brebaje, supuestamente el milagroso bálsamo de Fierabras capaz de curar todas las heridas, Don Quijote vomita abruptamente sobre Sancho Panza. El escudero, empujado por la náusea incontenible que le produce verse bañado en tan repugnante viscosidad, vomita a su vez sobre Don Quijote, quedando ambos, escudero panzudo y caballero de la triste figura, rebozados en pestilente vómito.

EL EXPLICADOR, *a EL GESTOR*: No consideraría yo ese momento como destacable. Además, no es fácilmente representable.

EL GESTOR: No lo es en un escenario, pero es perfectamente representable y con la máxima verosimilitud en una película.

EL EXPLICADOR: Yo pienso siempre en términos de teatro, es deformación profesional.

EL GESTOR: Yo intento pensar con amplitud de miras...

DON MIGUEL: No se enzarcen en discusiones. Me gustaría pasar página y avanzar. Mi literatura, como todo el mundo sabe o debería saber, no se limita a «Don Quijote de la Mancha» y quiero dejar constancia de ello.

EL EXPLICADOR: Parece tenerle usted antipatía al personaje que más le ha encumbrado. Debería estarle muy agradecido al ingenioso hidalgo...

DON MIGUEL: Esta es la segunda vez y no será la última, en que me quejo de como el caballero andante, transcurridos tantos siglos, persiste en eclipsarme y hacerse con un protagonismo que solo a mí me pertenece.

EL GESTOR: Pero Don Miguel, sentir envidia hacia uno de sus personajes, me parece un problema muy exagerado, casi patológico...

EL EXPLICADOR: A mí me parece bien ajustado a la genética hispana. La envidia es el cáncer de España.

DON MIGUEL: No se trata de envidia. Es un simple problema de vanidad, de mi ego que se resiente. No crea que no lo lamento, constantemente trato de enderezarlo hacia la humildad.

EL GESTOR: Bien, ya hemos entrado en materia. Estamos ya, plenamente inmersos en su labor como escritor...

EL EXPLICADOR, *a DON MIGUEL*: Antes de continuar con el seleccionado muestreo de su creación literaria, con permiso del señor El Gestor, creo Don Miguel que hay un aspecto de su biografía que sin duda interesará...

DON MIGUEL: ¡Dudo que los chismes, dimes y diretes puedan interesar más que mis libros!

EL EXPLICADOR: Me refiero Don Miguel, a la parte más triste. Ya sea por simple curiosidad, o por curiosidad malsana, o incluso por morbo, no tengo la menor duda de que despertará interés. Intuyo que el público, ya sea lector o espectador, la está esperando y no podemos defraudarles. Es mi opinión...

DON MIGUEL: ¿Se refiere a mi etapa de cautiverio?

EL EXPLICADOR: Cinco años en las cárceles de Argel, no es poca desgracia.

EL GESTOR: Creo que los antecedentes de su cautiverio tienen que ver con su inquietud viajera. Una inquietud y curiosidad que le había llevado hasta la ciudad de Roma. Pónganos al corriente...

Don Miguel: Lo monumental de la llamada ciudad eterna, me causó un gran impacto.

El explicador, *al público*: No está en mi ánimo contradecir a El Gestor y enmendar a Don Miguel, pero en alguna de sus biografías se afirma que el viaje a Roma fue en realidad una huida... (*A Don Miguel.*) Se ha escrito que en el transcurso de una riña hirió usted de gravedad a un ciudadano madrileño, un tal Antonio de Segura. Y que fue condenado a diez años de destierro de Madrid y a la amputación de su mano derecha.

Don Miguel: Habladurías... (*Al público.*) ¡Imaginan la catástrofe, llegar a verme privado de ambas manos! (*Muestra la mano del guante metálico.*) ¡La única mano que perdí: la de Lepanto!

El explicador, *mostrando su mano del guante metálico*: ¡Idéntica a la mía! De ahí deduzco, que en algún momento (*Mira de soslayo a El Gestor.*) interpretaré a Cervantes.

Don Miguel: Estando yo presente, no le veo la necesidad, pero ya decidirá El Gestor lo que más conviene al relato...

El explicador, *a Don Miguel*: En el supuesto de ser cierto que por agredir a un ciudadano, le sentenciaron a la amputación de la mano derecha. Una de dos, ¿o la herida que usted infringió al madrileño era gravísima, o la sentencia fue demasiado severa?

Don Miguel: Eso de que hubo un ciudadano herido y una sentencia judicial lo ha dicho usted y no yo.

El explicador: ¿Pero llegó o no llegó a Roma como fugitivo?

Don Miguel: Lo que cuenta, es que llegué. Y lo hice con mis dos manos integras. En un tiempo en que la cultura bebía principalmente del patrimonio grecolatino, Roma me parecía la ciudad ideal para ampliar mi cultura y de paso conocer otro idioma y a otras gentes. Para procurarme el sustento, conseguí emplearme como criado de cámara en casa del cardenal Julio Acquaviva. El quehacer era bastante rutinario, sin ningún aliciente especial respecto a mi incierto porvenir como escritor. El paso de los días era monótono...

EL GESTOR: Y decidió usted alistarse. Antes nos hemos quedado a las puertas de ahondar en su etapa como soldado...

DON MIGUEL: ¡Que empeño con la soldadesca! Es bastante sencillo. No sabía escribir en italiano, y estando tan lejos de casa, pensar en dedicarme a escribir en castellano pudiendo vivir de ello era una quimera. En aquel momento mis posibilidades para procurarme un futuro suficientemente desahogado eran bien pocas: hacerme eclesiástico, o embarcarme rumbo al nuevo y prometedor continente americano, o hacerme militar. Tomé la decisión salvadora de alistarme en la Armada. También pudo influir mi admiración por el almirante Juan de Austria y la esperanza de labrarme a su lado un brillante futuro como militar. Y no deja de ser probable que además me sintiese impelido por esa inconsciencia de la juventud siempre deseosa de vivir aventuras.

EL EXPLICADOR: Una inconsciencia con muchas posibilidades de acabar pasando a mejor vida... La máxima que se le inculca al soldado en cualquier guerra es que debe estar dispuesto a morir por la patria. Incluso los mercenarios deben comprometerse a morir por una patria que no es la suya. Arrepentirse de compromiso tan heroico conlleva hacerse desertor y la deserción implica una condena a muerte. De manera que huyendo del fuego existe el peligro de caer en las brasas.

DON MIGUEL: Todo desertor merece respeto y admiración. Es injusto que arrastre el estigma de ser señalado como cobarde y traidor. Se necesita mucho acopio de valentía y determinación para hacerse desertor. Mucho coraje para enfrentarse no ya a un ejército enemigo, sino a dos.

EL EXPLICADOR: Disculpe, Don Miguel, me resulta chocante que un mutilado de guerra como usted, sea tolerante con la deserción...

DON MIGUEL: En lo tocante a la deserción yo no entro ni salgo. Cada cual que deserte, si decide desertar, cuando mejor le parezca. No seré yo quien ponga trabas morales o patrióticas a la deserción. Respecto a mi mano baldía, la llevo con orgullo puesto que ha contribuido a aumentar mi celebridad. En estratos sociales de cariz popular, se me conoce más como «el manco de Lepanto» que como Cervantes. Además, en nada me acompleja mi discapacidad y menos aún en el contexto de este relato. Como usted ya sabe, El Gestor ha determinado que mi mano inservible, sin dejar de serlo, sea al mismo tiempo apta para casi todos los usos.

EL EXPLICADOR, *mirando a EL GESTOR, con cierto desafío*: ¡Y a pesar de ello, El Gestor no ha dudado en cargarse mi escena de los garbanzos! ¡La única donde hasta el momento, yo tenía ocasión de mostrar todo mi talento interpretativo! Aunque, claro, el verdadero Cervantes es usted. Voy constatando que yo soy algo así como un simple y práctico comodín...

DON MIGUEL: Mire, yo no sé si usted es o no es un comodín... Sé quién soy yo, y yo soy yo. Y no soy otro. Y el caso es que me alisté en el ejército y me fue asignado un puesto de arcabucero en el regimiento de Álvaro de Bazán. Pertrechado con arcabuz, bolsa de balas, saquito de pólvora, mecha, pedernal, baqueta, y horquilla para apoyar el arcabuz al efectuar el disparo.

EL EXPLICADOR: Tengo entendido que el espectáculo bélico de Lepanto fue algo dantesco, muy difícil de olvidar. Entre las españolas y las turcas, pasaban de quinientas las naves enfrentadas.

Don Miguel: Y el número total de combatientes, también sumando los de uno y otro bando, se aproximaba a los doscientos mil. El grueso de ambas tropas iba diezmando con mucha velocidad y cuantía. Miles y miles de hombres atravesados por la espada o degollados por el alfanje.

El explicador: O con los intestinos colgando a modo de ristra de salchichas por efecto de algún disparo de arcabuz, cañón, culebrina, mosquete o pistolón. Las armas de fuego, aunque un tanto rudimentarias, ya causaban más estragos que las armas blancas.

El gestor: Si mis datos no son erróneos, el último día de combate, alrededor de las cuatro de la tarde, la cabeza decapitada del turco Alí Pashá fue colgada en el palo mayor de la nave de Juan de Austria. El balance total de víctimas mortales: 30.000 turcos y 9.000 cristianos.

El explicador: ¿Mató usted mucho, Don Miguel?

Don Miguel: ¡Esa es una pregunta insidiosa y desagradable! Muchos murieron ahogados, con los pulmones ahítos de agua salada.

El gestor: Ahogados mismamente como muchos de los migrantes africanos que llegan a nuestras costas hacinados en pateras fletadas por las mafias. No me extrañaría que los hermanos Mecenas, además de fabricar chorizos esclavizadores, fletasen pateras con derecho de embarque a precio muy abusivo y sin garantía de llegada...

El explicador: Con permiso de El Gestor, no puedo resistirme a formularle una pregunta que requiere respuesta comprometida. Don Miguel, ¿está usted a favor o en contra de las guerras?

DON MIGUEL: Le responderé por boca de uno de mis personajes, es un soldado y le hago opinar sobre la guerra:
«A la guerra me lleva mi necesidad;
si tuviera dineros, no fuera en verdad»

EL EXPLICADOR: ¿En cuál de sus obras aparece ese soldado?

DON MIGUEL: Le insto a que haga averiguaciones, lea, lea y seguro que le hallará... Nunca he sido partidario de las guerras, independientemente de que signifiquen el sustento del soldado. Puestos a elegir, prefiero la paz con sus desfiles, brillantes uniformes y banderas, a la guerra con sus trincheras, bayonetas y muertos. Lo malo es que sin gestas heroicas, sin heridas y méritos de guerra los ascensos y medallas se paralizan y con ello también se estancan los sueldos. Toda guerra, incluso la más justa y razonable, antes o después se convierte en un horror. ¡Lepanto, fue un espanto! ¡Lepanto, dolor y llanto! Valgan aquí estas simplistas rimas. Sólo en La Marquesa, mi barco, hubo cuarenta muertos y más de cien heridos. Yo recibí tres arcabuzazos, dos en el pecho y el otro ya saben... Al día siguiente, como compensación, ya se me notificó el aumento de la soldada por un importe de tres escudos al mes. Uno por cada herida.

EL EXPLICADOR: Tuvo usted suerte. Está bien claro que lo más rentable para cualquier soldado, en cualquier guerra, es recibir daños físicos y ser licenciado. Daños que le liberen del combate y de los que pueda recuperarse, se entiende...

DON MIGUEL: Después de Lepanto, una vez restañadas mis heridas tras una convalecencia en Sicilia, emprendí viaje de regreso a España. Volvía contento, con ánimo de conseguir un buen ascenso, quizás hasta el grado de capitán. Gracias a ser un héroe de guerra mutilado en campaña, podía asegurarme un buen porvenir. De capitán a comandante, de comandante a coronel y quizá llegar al grado de general. Pero ese regreso se truncó con el abordaje de nuestra nave por los corsarios berberiscos... ¡Caí prisionero!

PARTE SÉPTIMA

EL GESTOR: «El trato de Argel». Tragicomedia. Segunda jornada. Con los personajes en escena de Yuzuf y Silvia. El moro Yuzuf, por razones que atañen a la época y a su cultura, es propietario de la cristiana Silvia. La ha comprado invirtiendo sus buenos dineros. ¿Quién de ustedes, interpretará al moro?

DON MIGUEL: Yo mismo. Y ya que abordamos mi faceta teatral, me gustaría incorporar una cierta espectacularidad al relato. Para ello necesito una voz en off femenina.

EL GESTOR: ¿Alguna tesitura preferente?

DON MIGUEL: La que más se ajuste a un decir sin caer en lo monótono o en lo ampuloso. Y una mano, también me hace falta una mano.

EL GESTOR: ¿No comprendo?

DON MIGUEL: Una mano femenina enfundada en un guante de terciopelo rojo y emergiendo por un bastidor lateral. Voz y mano en conjunción, simbolizarán el personaje de Silvia.

EL GESTOR: No le falta inventiva, Don Miguel. Ahora mismo gestiono su petición. (*EL GESTOR, sale.*)

EL EXPLICADOR: Es arriesgado por su parte abordar el teatro. En esa faceta le gana por goleada Lope de Vega. Las obras del Fénix se representan continuamente. Las de usted...

DON MIGUEL: ¡Tiene usted, el don desagradable de la impertinencia!

EL EXPLICADOR: No es mi intención ofender, sino aportar datos respecto a su biografía profesional... Se supone que estamos aquí para eso, para valorarle tanto en lo positivo como en lo negativo. Mostrar los aciertos y desaciertos de un escritor y usted como dramaturgo no...

Don Miguel, *interrumpiendo, furioso*: ¡Cállese! Don Félix Lope de Vega y Carpio, efectivamente sabía escribir teatro y triunfo grandemente. Fue un portento, lo admito. Pero yo, aunque menos reconocido y representado, no me considero inferior en el arte de Talía. ¡Soy un dramaturgo! ¡Soy un autor teatral! ¡Sin demasiada suerte, debo admitirlo...!

El explicador: Aplaudo que se disponga a mostrar su teatro corriendo el riesgo de una acogida poco favorable. Pero antes, no estaría demás explicarle al público que por bastidor lateral deben entender un plafón rectangular —sobre el que hay tensada una tela habitualmente de color negro— que se instala en sentido vertical a uno y otro lado del escenario.

Don Miguel: ¡El público puede verlo, esa explicación tediosa sobraba!

El explicador: El público espectador sin duda, pero ¿qué me dice del público lector? ¿Estamos ante un público lector o público espectador? ¡No lo sabemos! Y El Gestor, no quiere o no puede despejarnos la incógnita. Y caso de encontrarnos ante un público lector, ¿no le parece que resulta absurdo y ridículo ponerse a teatralizar?

Don Miguel: ¡Intenta confundirme y lo consigue!

El explicador: Y más que lo estará. Nos desenvolvemos en un genero hibrido, inconcreto... Me recuerda a Pirandello y su famosa obra «Seis personajes en busca de autor». Aunque lo nuestro es más grave. Ellos, los de Pirandello, por lo menos saben a ciencia cierta que son personajes de teatro y que están en un teatro para hacer teatro. Sólo les falta un autor.

¿Pero nosotros, hasta que punto somos personajes? ¿Qué buscamos? ¿En qué extraño limbo estamos metidos nosotros? ¿En una obra de teatro? ¿En una biografía escénica? ¿Una conferencia animada sobre Cervantes? (*Mirando el telón fotográfico situado al fondo.*) ¿Qué significa ese decorado con esa carretera? ¿A dónde lleva? ¿Montana? ¿Nebraska? ¿Oregón?

DON MIGUEL: ¿Qué significa la palabra Montana? ¿Qué son Nebraska y Oregón? Intuyo que se trata de pueblos o ciudades. ¡Deje de importunarme, señor! No me parece un buen momento para hacerse preguntas existenciales. Y por lo que a mí respecta, este lugar y esta situación, sean teatro o biografía, lectura, escenificación o cualquier otra cosa, son idóneos para que yo pueda medirme. Y pienso aprovechar la ocasión.

EL EXPLICADOR: ¿Qué significa medirse?

DON MIGUEL: Saber hasta donde alcanza uno por si mismo, en mi caso más allá del hijo tan favorecido, tan reconocido, tan venerado.

EL EXPLICADOR: No le entiendo Don Miguel...

DON MIGUEL: Todas las noches, antes de cerrar los ojos, sin poder evitarlo, me pregunto una y otra vez que habría sido de mí sin la novela y el personaje del ingenioso hidalgo. Y llego a la decepcionante conclusión de que injustamente, hace siglos que habría pasado al total olvido, sin el más mínimo lugar en la historia. Yo soy como un débil fantasma y mi magna ficción del caballero andante es como una pétrea realidad indestructible. Hay una frase atribuida al poeta Luis Rosales que me desazona. Parece ser que dijo: «El quijotismo no es compatible con el éxito». ¿Se refería a mí, a mi falta de gran éxito si exceptuamos esa novela? ¿O a la falta de éxito del desventurado Don Quijote?

El explicador: Vaya, pues para no ser momento de asuntos existenciales, usted se...

Don Miguel, *interrumpiendo***:** Voy a continuar midiéndome hasta donde alcance a medirme, le ruego que no me interrumpa más, deje de ser quisquilloso y manténgase al margen esperando su turno. Y como ya he anunciado, necesito de una mano femenina enfundada en un guante rojo y de una voz a juego con el guante.

El explicador: Un recurso sencillo y al mismo tiempo enormemente mágico, poético, estético. Le felicito por esa idea de la mano con guante rojo, Don Miguel. Pero usted, no es actor, usted no sabe actuar. Escribe para los escenarios, pero desconoce lo que ocurre ahí arriba...

Don Miguel: ¡Otra vez insistiendo con ese eterno empeño!

El explicador: ¡Cuantas veces sea necesario! Y en vistas a mejorar su irregular condición como autor de teatro, debería ser yo quién interpretase al moro Yzuf. Así de claro se lo expongo...

Don Miguel: Una voz bien timbrada, con modulación, con volumen, capaz de viajar hasta el fondo de las plateas y ascender a lo más alto de anfiteatros y graderías. Un cuerpo, la expresividad del cual sepa responder con presteza al requerimiento de gestos, acciones, situaciones. Creo poseer ambos requisitos.

El explicador: No olvide la torpeza de su mano izquierda.

Don Miguel: Mi mano izquierda, según las acertadas indicaciones de El Gestor, es tan apta como mi mano derecha.

El explicador: Juraría que esas mismas indicaciones han ordenado a la golilla que vaya oprimiendo su garganta...

DON MIGUEL: Y ella lo hace, aunque sin prisa y con bastante pausa. Todavía no me he quejado. La golilla aprieta, pero no ahoga.

EL EXPLICADOR, *señalando la golilla de DON MIGUEL y bajando la voz:* ¡Esta cosa le asfixiará! ¡No puedo asegurarlo, pero intuyo que antes o después ha de cortarle el respiro...! Intuyo que el argumento de todo esto va encaminado a aniquilarle. Con tal de lucirse él, El Gestor no dudará en eclipsarnos mediante la primera extravagancia que le pase por la cabeza. ¡Me temo que usted, ya está sentenciado! ¡Usted ya está muerto! ¡Déjeme ocupar su lugar, no le defraudaré!

DON MIGUEL: Admito que este cachivache tieso como un bacalao, va mermando mis facultades, pero no hasta el punto de colapsarme el habla. ¡Hablaré! ¡Hablaré hasta mi último suspiro! ¡Hablaré interpretando como lo haría un actor, como lo haría usted!

EL EXPLICADOR: ¡Le advierto que no voy a ponérselo fácil!

DON MIGUEL: Tranquilícese... En ningún momento he abrigado la más mínima intención de competir con vuesa merced. Adiestrarme en ser actor me estimula y regocija, eso es todo. Y ahora, si me permite, espero que voz y mano femeninas ya se encuentren dispuestas. (*Elevando la voz, como hablando hacia fuera.*) ¡La mano! ¡La voz! (*Entra EL GESTOR, lleva en la mano un turbante de seda colorista y fantasiosa, adornado con brillante bisutería tipo el del rey Baltasar de los Magos de Oriente.*)

EL GESTOR: Su voz y su mano están listas, Don Miguel. ¿Qué va a ser primero?

DON MIGUEL: La mano. En primer lugar haré uso de la mano...

EL GESTOR, *al público:* En un instante, la verán emerger, al tiempo que cobra vida escénica el personaje del moro Yzuf.

Le pasa el turbante a DON MIGUEL, *que se lo encasqueta
y se dispone a encarnar* YZUF.

*Por el bastidor lateral izquierdo, emerge la mano feme-
nina con guante rojo de terciopelo.*

YZUF, *a la mano recién aparecida:*
Dejad, Silvia, el llanto ahora.
Poned tregua al ansia brava,
que no os compré para esclava,
sino para ser señora.
Mirad que imagino y creo
que vuestra gran desventura,
para daros más ventura
ha traído este rodeo.
Con vos fortuna en su ley
no usa de nuevas leyes.
Que esclavos se han visto reyes,
aunque vos sois más que rey.

> *Coge la mano enguantada, la besa delicadamente en
> el dorso.*

Limpiad los húmedos ojos,

> *Se saca un pañuelo del bolsillo, lo ofrece a la mano, que
> lo coge y se oculta.*

que sujetan cuanto miran,
y, al tiempo que se retiran,
llevan del alma los despojos.
Y no cubra el blanco velo
esa divina hermosura,
que es como la nieve pura,
que impide la luz del cielo.

YZUF, se dispone a salir del escenario por detrás del bastidor lateral, pero la mano de SILVIA emerge de súbito y le detiene con enérgica actitud de stop, al tiempo que se escucha una voz femenina en off.

VOZ SILVIA EN OFF:
Me es ya tan natural,
señor, el llanto y tormento,
que, si me deja un momento
lo tengo por mayor mal.
Y, aunque así estoy, estaré
alegre al obedeceros

La mano de SILVIA se relaja y YZUF, dedo a dedo, va despojándola del guante rojo, como en un estriptis a la inversa, llevado a cabo por quien normalmente es pasivo y encandilado mirón.

pues disteis tantos dineros
por mi sin saber por qué;

Suspiro satisfactorio de YZUF.

que, si acaso lo habéis hecho
pensando sacar de mí
gran rescate, desde aquí
se apoca vuestro provecho.
Porque os prometo, señor,
que de miseria y pobreza
tengo cuanto de riqueza,
si la riqueza es dolor.
Y de dolor soy tan rica,
cuanto por darme pasión,
este caudal la ocasión
por puntos se multiplica.

Yzuf, besa el guante convertido en fetiche y trata de convencer a Silvia.

Yzuf:
Silvia, vives engañada.
Que yo no quiero de ti
sino que quieras de mi
ser servida y respetada.
Que el provecho que yo espero,

Intenta coger la mano desnuda, pero esta esquiva la intención.

Silvia, de haberte comprado,
es ver tu rostro extremado
y no doblar el dinero.

De nuevo intenta hacerse con la mano y esta nuevamente lo esquiva. Yzuf se muestra más vehemente en su intento de convencer.

Que el Amor, que se mejora
en mostrar su fuerza brava,
me ha hecho esclavo de mi esclava,
esclava que es mi señora.

Rápido, con intención a todas luces acosadora y posesiva, Yzuf, con su mano izquierda, —esa mano enfundada en el férreo guante metálico— sujeta firmemente la delicada mano de Silvia, aprisionándola con extrema firmeza, es decir, abusando...

Y quedo tan satisfecho
de perder la libertad,
que alabo la crueldad
de este crudo y nuevo hecho.

La mano de Silvia intenta desasirse sin conseguirlo.

Y, porque lo que aquí digo
lo entiendas, Silvia, mejor,
nunca me llames señor,

Libera la mano de Silvia.

sino siervo o caro amigo.

Voz Silvia en off:
Aunque tamaña mudanza
hace fortuna en mi estado,
no creo se me ha olvidado
el término de crianza.

Yzuf, sin intentar sujetarla, besa repetidamente la mano.

Bien sé cómo he de llamarte,
y sé que es de obligación
que en lo que fuera razón
procure de contentarte.

Yzuf, devuelve a la mano desnuda el guante rojo. La mano lo sujeta.

Yzuf:
Tu habla tan comedida,
tu donaire, gracia y ser,
claro me dan a entender
que eres Silvia, bien nacida.

La mano se oculta.

Y, aunque pudiera esperar
de ti un rescate crecido,
a tal término he venido,
que tú me has de rescatar.
Más, en tanto que a la clara
veas cuanto hago por ti,
ven Silvia, ven tras de mí

Ofrece su mano.

verás a tu ama Zahara.

> *La mano reaparece, de nuevo enguantada. Coge la mano que le ofrece Yzuf.*

Voz Silvia en off:
Vamos señor en buena hora

Yzuf:

> *Ligeramente contrariado, suelta la mano de Silvia.*

Silvia, no tanto decir «señor»,
pues mi ventura y mi amor
os ha hecho a vos mi señora.

> *Don Miguel, se quita el turbante con el que ha interpretado a Yzuf y saluda.*

> *La mano desaparece tras el bastidor.*

SECUENCIA OCTAVA

El gestor, *al público*: ¡Atentos, eh! ¡Lo acaban de escuchar! En uno de sus últimos versos, el moro Yzuf, le ha dicho a su prisionera Silvia: «verás a tu ama Zahara». La tal Zahara es la esposa de Yzuf, y como hipótesis podemos suponer que de acuerdo con su cultura y tradiciones musulmanas, Yzuf piensa tomar a Silvia como una segunda esposa. Pero Yzuf no sabe que Zahara se ha enamorado de Aurelio, otro prisionero. En su momento, se descubre que ese Aurelio es el marido de Silvia. ¿Van a perder Yzuf y Zahara el valor de mercancía que suponen ambos prisioneros? ¿Cómo gestionaran Silvia y Aurelio la ventaja de saber que ambos son objeto de amor por parte de sus amos? La obra arranca con el lamento de Aurelio, recién «adquirido» por Zahara:

¡Triste y miserable estado!
¡Triste esclavitud amarga,
donde la pena es tan larga
cuan corto el bien y abreviado!

DON MIGUEL: En cualquier caso, la escena que acabo de representar, como tantas otras en el conjunto de mi obra, incide en la conflictividad entre razas y religiones distintas. Odios y venganzas al amparo de múltiples intolerancias. La llamada «pureza de sangre», era un requisito defendido en mi época por aquellos clasistas y racistas llamados «cristianos viejos»

EL EXPLICADOR: Al mismo tiempo, disculpe mi crítica, en esa escena parece detectarse muy poca atención al feminismo y a la libertad de la mujer. Usted coloca a Silvia en una tesitura de objeto florero, donde con aparente normalidad impera el machismo y donde la mujer no tiene opción a decidir entre el: «sí es sí» o el «no es no»

DON MIGUEL: ¡Es que acaso se ha vuelto usted loco! ¡La acción se sitúa en un contexto de cultura musulmana! ¡Y en mi siglo! ¡Qué libertad podía tener ahí la mujer! ¡No existía el feminismo ni nada parecido! ¡No existía ni remotamente la idea de la liberación de la mujer! ¡Las primeras sufragistas tardarían siglos en aparecer! Bastante hice yo, escribiendo a favor del divorcio y en contra de maltratar a las mujeres, como veremos más adelante. (*Al público.*) Por lo que respecta a la relación entre Silvia y Yzuf, les aconsejo la lectura completa de la obra. Además de saber cómo termina la peripecia de Silvia, Yzuf, Zahara y Aurelio, se encontrarán con otras escenas muy impactantes, con cristianos convertidos en esclavos, con un niño arrancado de los brazos de su madre, con dos hermanos, el uno que se mantiene fiel a la religión católica y el otro que para salvar la vida se convierte al Islam, etc., etc. Y ya puestos a leer, pueden animarse y adquirir un ejemplar de mi «Teatro Completo» publicado por Penguin Random House en su colección Penguin Clásicos. Es el mejor modo de conocer el conjunto de mi teatro poco representado, poco editado y poco leído muy a mi pesar. El precio es muy asequible.

Y si aquí El Gestor no tiene inconveniente, vamos a continuar con más teatro del mío. Ahora con: «Los baños de Argel». Comedia. Jornada Primera. Personajes de Don Lope y Vivanco, ambos presos y encadenados en una cárcel. Por el bastidor lateral, veremos que ahora, en lugar de una mano, emerge una larga caña. Y sujeto en su extremo, un pañuelo anudado en forma de hatillo. Y demos ya paso a los dos personajes. Yo interpretaré a Vivanco.

EL GESTOR: Yo me adjudico el personaje de Don Lope. (*A El Explicador.*) Usted, si es tan amable, puede manejar la caña emergente. ¡No es moco de pavo saber insuflarle vida a una simple caña!

EL EXPLICADOR: ¡Renuncio! ¡Me niego rotundamente a interpretar una caña! (*Sale con aire ofendido.*)

> *Por el bastidor lateral, emerge una larga caña con un hatillo en su extremo visible.*

DON LOPE:
Alza los ojos y atiende
a aquella parte, Vivanco,
y mira si así comprende
tu vista que un paño blanco
de una larga caña pende.

VIVANCO:
Bien dices, y atado está.

Me quiero llegar allá
para ver esta hazaña.

La caña, adquiere casi verticalidad.

¡Por Dios, que se alza la caña!

DON LOPE:

Ve, quizá se abajará.

VIVANCO:

No es para mí esta aventura,
Don Lope. Ven tú a probarla,
que no sé quien me asegura
que han de venir a alcanzarla
las manos de tu ventura.

DON LOPE:

Algún muchacho habrá puesto
cebo o lazo allí dispuesto
para cazar los vencejos.

VIVANCO:

No está hondo, ni está lejos.

Ven, y veámoslo presto.

La caña se inclina descendiendo un poco.

¿No ves cómo se te inclina
la caña? ¡Vive el Señor
que ésta es cosa peregrina!

DON LOPE:

En el trapo está el favor.

VIVANCO:

Si es favor, desata ya.

DON LOPE:

Desata el pañuelo y en el interior hay algunas monedas.

Once escudos de oro son.
Entre ellos viene un doblón
que parece necesario
paternóster del rosario.

VIVANCO:
¡Bien propia comparación!

La caña se alza y retrocede hasta desaparecer tras el bastidor.

DON LOPE:
La caña se tornó a alzar.
¿Qué maná del cielo es ésta?
¿Qué Abacuc nos vino a dar
en nuestra prisión la cesta
de esto que es más que manjar?

Entra EL EXPLICADOR.

EL EXPLICADOR: Un breve inciso, Don Miguel, muy breve. (*Al público.*) Señoras, señores, el nombre de Abucuc, alude a un profeta hebreo. El Antiguo Testamento de la Biblia, relata su viaje a Babilonia, volando por el cielo transportado por un ángel que lo agarraba por los cabellos. Al llegar allí, suministró alimentos al profeta Daniel, el cual permanecía encerrado en un foso, rodeado por leones.

DON MIGUEL: ¡La escena aún no ha terminado! ¡Se ha interpuesto usted, entre mi Don Lope y mi Vivanco!

EL EXPLICADOR: Para aclarar, simplemente para aclarar. (*Molesto.*) Todas mis acciones, todas mis iniciativas, todas mis interrupciones como usted las llama, ¡están ahí dispuestas por El Gestor!

Don Miguel, *exaltado*: ¡El autor soy yo! ¡Yo soy el autor!

El explicador: ¡Autor de sus «Cervantescas Cervantinas», eso nadie se lo discute, pero no controla este acontecimiento un tanto inclasificable... Y no hagamos esperar más a sus personajes, señor literato. Continúen, continúen interpretando lo mejor que puedan a Don Lope y a Vivanco... (*Al público.*) No quiero sembrar cizaña, pero ni el uno ni el otro conocen a fondo el oficio de la interpretación...

Vivanco:
¿Por qué, don Lope, no acudes
a dar gracias y saludas
a quien hizo esta hazaña?
¡Oh caña, de hoy ya no caña,
sino vara de virtudes!

Don Lope:
¿A quién quieres que las dé,

    Tintineando el puñado de monedas.

si en aquella celosía
estrecha nadie se ve?

Vivanco:
Pues alguien todo esto envía.

Don Lope:
Claro está, mas quién, no sé.
¿Quizá será renegada
cristiana la que se agrada
de mostrarse compasiva?
¿O bien cristiana cautiva
en esta casa encerrada?
Más, quien quiera que ella sea,
es bien que las apariencias

de agradecidos nos vea.
Hazle dos mil reverencias,
porque nuestro intento crea.
Yo a lo morisco le haré
ceremonias, por si fue
mora quien nos hizo bien.

TRÁNSITO NOVENO

DON MIGUEL, *al público:* Puede que algunos de ustedes se pregunten porque razón ambos prisioneros llegan a la conclusión que el beneficio de la caña les llega desde una mano femenina. ¿Cómo saben que no se trata de un benefactor? (*Sonríe y se encoge de hombros.*) En el capítulo XL de la primera parte de «El Quijote» escribí una situación muy similar, y ahí sí me preocupé por dejar claro que las manos que sujetan la caña pertenecen a una mujer musulmana, la cual favorece a los prisioneros cristianos influenciada por las ideas que le inculcó una esclava cristiana que había tenido a su servicio en otro tiempo.

EL EXPLICADOR, *al público:* Ese pormenor de si es voluntad femenina o masculina la que les socorre, me parece poco importante. Lo que me empuja a la reflexión, es ver que los prisioneros se encuentran sometidos y humillados por un enemigo. De lo contrario no estarían encarcelados. Y en esas condiciones nefastas, ambos aceptan la ayuda de buenas a primeras, sin preguntarse de quién procede y con qué intenciones...

DON MIGUEL: Usted ve aspectos complicados donde no los hay... Que otra cosa pueden hacer Don Lope y Vivanco. Son un par de indefensos reclusos. De veras cree que en su penosa situación pueden reparar en si la ayuda es de un color o de otro... Es una ayuda y bienvenida sea. Esas monedas que les llegan inesperadamente, pueden servir para pagar su rescate y proporcionales la libertad.

EL EXPLICADOR: Pero no me negará que son un tanto oportunistas, les da igual que el soporte que se les brinda sea cristiano, es decir amigo. O sea musulmán, es decir enemigo. Podría decirse que son un par de chaqueteros... Semejantes, hasta cierto punto, a esos «transfuguistas» de la política que descaradamente, carentes de todo rigor y principio, por algún inconfesable interés particular..., cambian súbitamente de partido. Por no hablar de los votantes veleta en tiempo de elecciones. Por ejemplo, esos que sin ninguna reflexión profunda, con una inconsciente banalidad, pueden pasar de ser fidelizados votantes del PSOE a nuevos votantes del Partido Popular.

DON MIGUEL: Esas, llamémosles, «traiciones a la propia ideología» que usted menciona, no me parecen las peores. Ser individuo de existencia biológica pretérita, no me impide estar bastante informado sobre el tiempo futuro que me sucedió. Por supuesto que no he podido adquirir tantos conocimientos como desearía, pero me consta que con el advenimiento de la Segunda República, muchos aristócratas y grandes burgueses, hasta ese momento monárquicos, carlistas o conservadores, de golpe y porrazo, por estrategia, sin ninguna convicción, se transformaron en republicanos. A eso sí que yo le llamo ejercer el chaqueteo descarado.

Además, esa escena de la caña y los prisioneros no es representativa de toda la obra. En su conjunto, «Los baños de Argel» me permite incidir, una vez más y al igual que en «El trato de Argel», en un problema muy enquistado en mi tiempo, el de unas relaciones violentas y de rechazo entre personas que con un orgullo irracional se consideraban distintas al resto de los mortales, ya fuere por razón de raza, pensamiento, religión, cultura, costumbres, lugar de origen, posición social, etc. En definitiva, el germen de riñas y odios entre judíos, cristianos, mahometanos, conversos, moriscos, hidalgos, gitanos, terra-tenientes, etc. Uno de los colectivos más segregados era el de los pertenecientes a la llamada «casta colonial», integrada por mulatos y mulatas nacidos de uniones entre mujeres indígenas importadas y hombres españoles de impoluta raza blanca.

EL GESTOR: Versos que corroboran ese argumento sobre el odio entre distintos, los hallamos en otra escena donde se dice:
¡Dos han muerto, y del rey son.
¡Oh crueldad jamás oída!
A todos quitan la vida
sin ninguna distinción.

EL EXPLICADOR: Y estos otros también redundan en el argu-mento:
Y los jenízaros matan
si encuentran algún cautivo,
o con furor duro esquivo
malamente le maltratan;
y estas voces que oís
las dan judíos, de miedo.
¡Todo el mundo se esté quedo!

Intuyo sin ninguna dificultad que ser prisionero no es nada fácil de sobrellevar. Yo, de muy joven, en los inicios de mi carrera de actor, pasé épocas angustiosas, encerrado en casa, sintiéndo-me prisionero de la voluntad de algún productor dispuesto o no dispuesto a contratarme. Prisionero, esperando que sonase el teléfono. Pero infinitamente peor debió pasarlo usted Don Miguel, mientras permaneció encarcelado. Según los expertos en psicología, cualquier encierro que se prolongue más allá de los dos años, modifica la personalidad del condenado. Si me permite una pregunta íntima, Don Miguel. ¿Su paso por la cárcel le dejó secuelas?

DON MIGUEL: Como acabamos de ver, donde no hay duda que dejó poso mi larga permanencia privado de libertad, es en los temas carcelarios abordados desde mi creación literaria.

EL EXPLICADOR: A lo largo de sus cinco años de encierro esperando que alguien pagase su rescate, protagonizo usted, cuatro intentos de fuga, todos ellos fracasados por una u otra causa. Parece ser que...

DON MIGUEL, *interrumpiendo*: Permítame, prefiero explicarlo yo. El problema, es que mis raptores cometieron el error de creer que yo pertenecía a una familia acaudalada y exigieron un rescate muy alto, creo recordar que exigían 5000 ducados, lo que vendrían a ser unos 500 escudos de oro.

EL EXPLICADOR: Si me permite, Don Miguel, quiero aportar un dato. Al cambio actual, el precio del rescate vendría a ser, si no he calculado mal, de aproximadamente 14.000 euros. Para la época era una fortuna, era muchísimo dinero y que se le considerase tan valioso hace entendible que lograra usted salir bastante bien parado de sus intentos de fuga, cuando lo más habitual era la ejecución. No querían deshacerse de lo que ellos suponían algo así como la gallina de los huevos de oro. Respecto a su cuarto intento, existe un cierto suspense...

DON MIGUEL: ¿Qué intenta decir, señor?

EL EXPLICADOR: Disculpe Don Miguel, pero se ha dicho que en aquella ocasión, siendo usted tan reincidente, se le condenó al máximo castigo. Y logró salvar su vida cediendo a los requerimientos homosexuales de Hasán, el carcelero encargado de su custodia.

DON MIGUEL: Sepa usted, que en Argel, esa clase de relaciones no se toleraban. También estaban absolutamente prohibidas en España. Se las llamaba: "el vicio nefando". Sobre una persona acusada de esas prácticas, caía el anatema de la iglesia y podía ser condenada.

EL EXPLICADOR: Una época muy difícil para los señalados como afeminados, invertidos, sarasas, bujarrones, maricones, mariposones, etc. Pero actualmente, tanto la homosexualidad como el lesbianismo gozan de muy buena opinión en todo el mundo, exceptuando algunos países de moral y religión enormemente retrógradas.

EL GESTOR: Tiene razón El Explicador. En España, las mentes enfermas de homofobia son cada día más residuales. Quedan los del partido Vox, y algunos pocos católicos integristas... Le aseguro que se vería con buenos ojos que Cervantes saliese del armario.

EL EXPLICADOR: Salir tranquilamente, en el supuesto que usted estuviese dentro, claro...

DON MIGUEL: No entiendo a qué armario se refieren, pero repito que en mi época esas liberalidad sexual era del todo impensable. El pensamiento cristiano católico, el único admitido, rechazaba totalmente la homosexualidad. La vetaba, la perseguía. Nadie hablaba de eso. Un homosexual se veía del todo obligado a vivir en la más absoluta clandestinidad. Me oprime hasta tal punto la golilla (*Mientras intenta aliviarse introduciendo un dedo entre su cuello y la golilla.*) que ya le profeso un odio furibundo. Me asfixia... Hablemos de lo que verdaderamente interesa: mi literatura.

El explicador: En su literatura los conflictos sentimentales y sexuales están bastante presentes. Amores carnales y amor platónico, como el de Don Quijote por Dulcinea. La pluma de su colega Lope de Vega, también ha compuesto verdaderas obras maestras azuzando los problemas de pareja con el demonio de los celos y las trabas impuestas por ese absurdo concepto llamado «honor.»

Don Miguel: Yo, a Lope, llegué a llamarle «monstruo de la naturaleza» por su extraordinaria capacidad creativa.

El gestor: Se dice que llegó a escribir alrededor de setecientas piezas teatrales. Cuatrocientas de ellas conservadas. Parece increíble...

Don Miguel: Me temo que puede creerse. Digo, «me temo», porque no oculto cierta envidia a su fecundidad. Fuimos vecinos de barrio durante bastante tiempo y se ha insistido mucho en que teníamos nuestras diferencias. Lo único demostrable es que yo era un novelista pobre y él un dramaturgo rico. No únicamente dramaturgo rico, era también buen negociante. Vendía sus obras a un precio elevado aceptando que el comprador pudiese modificar o cortar sus versos sin ningún impedimento o reclamación por su parte. (*Al público.*) Prosigamos. Habiendo aceptado una propuesta de El Gestor, me dispongo ahora a ofrecerles sendos fragmentos muy breves, brevísimos, fugaces apuntes extraídos de mis novelas, entremeses y comedias que vienen a ser como un muestrario acelerado, como eso que en el cine llaman la cámara rápida.

El explicador: No me dirá, que incluso conoce el cine, Don Miguel.

Don Miguel: No directamente, pero me interesa y tengo información. En mi época vi representaciones de siluetas proyectadas sobre un lienzo blanco. Sombras chinescas lo llaman. Y por lo que he indagado... (*Mira el telón de fondo fotográfico y lo señala.*) el cine se basa en mostrar imágenes como esa, con una apariencia totalmente real y que además poseen movimiento. La verdad es que me parece milagroso y me gustaría mucho ver una película. A poder ser una versada en mi Don Quijote. (*A El Gestor.*) Creo que existen unas cuantas...

El gestor: Le pongo en aviso Don Miguel, por lo general, las películas basadas en novelas suelen defraudar al autor de la novela.

Don Miguel: Pese a ese peligro que usted apunta, me arriesgaría. El teatro es tan efímero y el cine parece ser tan permanentemente testimonial y alcanzar tanta difusión. Una obra de teatro representada puede llegar a cientos de espectadores, a miles como mucho. Una película puede llegar a millones. Puede exhibirse aquí y allá al mismo tiempo. Ese don de ubicuidad me sorprendió mucho al principio. Saber que una película puede verse al mismo tiempo en Burgos, en Toledo, en Granada, en Oviedo, o en cualquier otra ciudad, me maravilló. Y nada me complacería más que poder ver aquella idea fílmica de de la que usted me habló hace bastante tiempo, convertida en realidad.

El gestor: Yo también lo desearía, pero no nos alcanza el presupuesto...

El explicador, *a El Gestor*: ¿De qué idea fílmica hablan?

El gestor: Soñar es gratis... Meses atrás, le expliqué a Don Miguel que me había planteado incorporar a este acto una escena filmada a modo de testimonio histórico audiovisual.

El explicador, *muy interesado*: ¿Qué escena era esa?

El gestor: La de la interpretación épica y expresionista prevista para el final, para el cénit cervantino. Pero al proponérselo a Chema y Pepe Mecenas, no pareció entusiasmarles...

El explicador: Ya. A estas alturas, no me sorprende que a mí no me hiciese partícipe de su idea. De habérmela comunicado le habría sugerido incorporar como escenografía, la proyección en primer plano de cada uno de los rostros de los personajes que se mencionan.

El gestor: Con todos los respetos, me parece un efecto demasiado recurrente. Mera ilustración, a mi modo de ver. Proyectar en el fondo de un escenario, una serie de rostros ampliados es un recurso que se ha utilizado hasta la extenuación: en obras de teatro, en conferencias, en actos conmemorativos, en mítines políticos, etc., etc.

El explicador: Me alegro de que su idea oculta no haya prosperado. Por primera vez, una decisión de los hermanos Mecenas no me indigna. Sólo me resta adjudicarle a usted, señor El Gestor, un cero en lealtad. Se merece la misma desconsideración con que yo he sido tratado. No le extrañe si yo también tomo mis decisiones... Y espero que esto acabe cuanto antes para poder alejarme de su presencia.

Don Miguel, *a El Explicador*: ¡Se ha excedido! ¡Es usted, hiriente!

El explicador: ¡Estoy totalmente en contra!

El gestor: ¡En mi contra, simplemente por una idea! No es nada fácil intentar conseguir que una biografía no sea un mero catálogo de actividades profesionales.

El explicador: Totalmente en contra de su permanente empeño en mostrarse talentoso y creativo. Y que persiguiendo esa fatuidad, se haya sacado usted de la manga una especie de batiburrillo, de «pupurri», de «tuti-fruti» absurdo, gratuito, inconexo. De eso puedo quejarme y me quejo. (*Al público.*) Señoras y señores, pongan mucha atención, para que dentro de lo humanamente posible, alcancen a comprender el pastiche ininteligible que se producirá a continuación. Un absurdo enlazado de títulos de distintas obras y frases de aquí y de allá extraídas de otras tantas obras. Sin pausas, sin solución de continuidad, sin puntos, sin comas. Advertí a El Gestor del problema, de que ustedes rechazarían un relato sin pies ni cabeza. Sonrío con altivez, y me respondió: «Qué sería del espectáculo escénico sin el jolgorioso recurso de la comedia de enredo con argumento enrevesado. El romano Plauto, fue el inventor de ese género. Y detrás le siguieron alborozados todos los vodeviles con puertas que se abren y se cierran. Y a continuación Tristán Tzara con su Teatro Dada, cáustico i desconcertante. Y Groucho Marx, corriendo a grandes zancadas con su puro en ristre». (*A El Gestor.*) Eso opinó, usted, con su soberbia habitual... (*A Don Miguel.*) Lo que no entiendo, es que usted se preste.

Don Miguel: ¡Claro que me presto! Tanto que se las da usted de gran actor, no ha oído hablar nunca de la escritura automática, de lo psíquico transitando hacia lo onírico. De esa creación emanada del subconsciente que hicieron suya los surrealistas. Se trata, según indagué, de escribir o pintar dejándose llevar por lo primero que tu cerebro decide seleccionar absteniéndose de parámetros y significados reconocibles. Siempre y cuando no se trate de una frivolidad, sino del desvarío de unas neuronas con talento creador, dotadas para destilar una percepción profunda, intensa y del todo libre de prejuicios, de ideas preconcebidas, de miedos e inhibiciones.

EL GESTOR: Permitir que la razón se enturbie y se colapse con ensoñaciones que prescinden de la moral, del maniqueísmo, de la lógica y la racionalidad. Pues en eso, estamos Don Miguel y yo, perfectamente compenetrados y dispuestos a intentarlo asumiendo la posibilidad de fracasar.

EL EXPLICADOR: Ningún público acepta presenciar fracasos.

DON MIGUEL: El artista está obligado a no temerle al fracaso. Además, ese batiburrillo, como usted despectivamente lo llama, es un ejercicio que indirectamente puede promocionar mis obras, puede despertar el interés por su lectura.

EL EXPLICADOR: Allá ustedes si quieren dárselas de surrealistas. Aunque bien es verdad que toda forma, por absurda que parezca, siempre lleva implícito un fondo. Todo continente, por estrambótico que se nos antoje, entraña un contenido. No hay estética sin ética. El mensaje, en última instancia, siempre acaba teniendo la entidad y el calado de la forma en que se muestra. (*A EL GESTOR, con ironía.*) Rectifico, es posible que el público disfrute con su «sopa de letras», ahora se verá...

EL GESTOR: Adelante, Don Miguel!

DON MIGUEL, *se aproxima al sillón frailero, se sube a él poniéndose de pie sobre el asiento y al público, sin entonaciones, sin alterar una cadencia uniforme y continuada*: Se halló presente el obispo o arzobispo de la ciudad y con su bendición y licencia los llevó al templo el celoso extremeño y finalmente Leonora quedó por esposa de Carrizales yo te lo prometo Hortigosa replico doña Clementa el casamiento engañoso la Galatea así es respondió el Alférez pero con todo eso sin que la busque la encuentro siempre en la imaginación y adondequiera que estoy tengo la afrenta presente la cueva de Salamanca no sé qué responderos dijo Peralta y allí sin duda hallarían a Marco Antonio le doy todos mis ayunos mis lágrimas y azotes aquellas coplas antiguas que fueron en su tiempo celebradas una armada figuraron que venía a vela y remo el cerco de Numancia si no es traeros a la memoria dos versos de Petrarca que dicen «ché, qui prende dicleto di far fiode; non si de lamentar si altri l'ingana» las dos doncellas el vizcaíno fingido fea noche amargo rato mala cena y peor amor ay pecadora de mí y como se le turban los ojos y se le trastabilla la lengua Jesús que ya va dando traspiés el amigo tomó el camino de Cazalla la guarda cuidadosa pues monta que ha bebido mucho la mayor lástima es ésta que he visto en mi vida miren qué mocedad y que borrachera la gran sultana ¿qué es esto ¿qué pendencia es ésta? ¿quién daba aquí voces? los trabajos de Persiles y Segismunda señor no es nada pendencias son entre marido y mujer que luego se pasan la señora Cornelia la española inglesa ¿y dónde está el músico? preguntó la dueña no está muy lejos de aquí respondió el negro al serrallo iré esta tarde a ver si hiela o si arde suspiros lágrimas sollozos coloquio de los perros se acordó de haberle dicho que trajese el sombrero y lo guardase paroxismos desmayos la entretenida con toda la caterva de las demostraciones necesarias que para descubrir su pasión los buenos enamorados usan deja a ese perro y acude ay marido mío ¿estáis por desgracia herido bien de mi alma? la ilustre fregona ¿le has enviado otra cosa? Pedro de Urdemalas beso a vuesa merced las manos la de mis lamentos y congojas quiero más de lo que sería bueno y busco lo que no hallo la lujuria está en el vino ¿al murmurar llamas filosofar? así va ello canoniza canoniza Berganza a la maldita plaga de la murmuración ¿y a qué venís a Novara? a ver la boda venía el laberinto del amor le llovían líquidas perlas de los ojos no quise buscarla por no hallar el mal que me faltaba el juez de los divorcios la...

EL EXPLICADOR, *interrumpiendo*: ¡Un momento! Acaba de pronunciar usted un título. El de un entremés: «El juez de los divorcios».

DON MIGUEL, *descendiendo del sillón*: ¡Vuelve a boicotearme! ¡Es intolerable!

EL EXPLICADOR: Ensalzarle es lo que pretendo Don Miguel. Una de las mayores alabanzas que ha recibido su legado literario es el de ser considerado como el iniciador de la novela moderna. (*Al público.*) Esa modernidad, esa vigencia actual adquiere absoluta presencia en «El juez de los divorcios».

EL GESTOR: Bien observado. Lo que Don Miguel puso en boca de Mariana, un personaje del siglo XVII, ha continuado siendo válido en nuestra época contemporánea puesto en boca de mujeres del siglo XX y de siglos precedentes. Incluso ahora, en el siglo XXI, en ciertas culturas y religiones existen mujeres obligadas a mantenerse sacrificadas en la cruz del matrimonio hasta que la muerte caritativa acuda a liberarlas de ese yugo. (*Al público.*) En España, el divorcio no fue admitido —si exceptuamos el paréntesis de los prósperos tiempos republicanos— hasta el año 1981. Y pudo ser así gracias a la llegada de la democracia y la Constitución de 1978. Un alcance progresista, el de la Constitución, que actualmente muchos critican tal vez con demasiada inconsciencia. (*Al tiempo que coge del suelo la tela negra que al inicio del espectáculo cubría el sillón frailero y se la pone cubriéndole la cabeza a modo de manto, dispuesto a interpretar el personaje de MARIANA.*) Dicho esto, vean al personaje de Mariana, reclamando el derecho a divorciarse.

DON MIGUEL: Reclamando ante el Juez. (*Interpretando el JUEZ.*) ¿Qué pendencia traéis, buena gente?

MARIANA: Señor, ¡divorcio, divorcio, y más divorcio, y otras mil veces divorcio!

JUEZ: ¿De quién, o por qué, señora Mariana?

MARIANA: ¿De quién? De este viejo que está presente. Vuesa merced, señor juez, me descase, si no quiere que me ahorque; mire, mire los surcos que tengo por este rostro, de las lágrimas que derramo cada día por verme casada con esa anatomía. En los reinos y en las repúblicas bien ordenadas, debería de ser limitado el tiempo de los matrimonios, y de tres en tres años se habrían de deshacer, o confirmarse de nuevo, como si fuesen cosas de arrendamientos. Y no que hayan de durar toda la vida, con perpetuo dolor de ambas partes.

JUEZ: Si ese arbitrio se pudiera o debiera poner en práctica, y por dineros, ya se hubiera hecho; pero especificad más, señora, las razones que os mueven a pedir divorcio.

MARIANA: El invierno de mi marido y la primavera de mi edad. Y el estar obligada a sufrirle el mal olor de la boca, que le huele mal a tres tiros de arcabuz. Debe ser de alguna muela podrida.

EL EXPLICADOR, incorpora el personaje de MARIDO.

MARIDO: En verdad, señores, que el mal aliento que ella dice que tengo, no se engendra de mis podridas muelas, ¡pues no las tengo!(*Saluda al público con gesto teatral.*)

DON MIGUEL: Del fragmento recién mostrado se deduce mi actitud favorable al divorcio, y puede que esta tenga algo que ver con mi vida privada. Casado con Catalina de Salazar y Palacios, ambos de común acuerdo y sin ningún conflicto de por medio, pasamos temporadas separados, viviendo en distinta ciudad y sin que ese alejamiento perjudicase a nuestro matrimonio.

EVENTO DÉCIMO

EL EXPLICADOR: (*A EL GESTOR.*) ¡Tenemos un público que no sabemos si está o no está! ¡Por si acaso está, creo que me merezco algo más que la breve interpretación de un marido desdentado! (*Enérgico.*) ¡Lo que usted no me brinda, yo me lo adjudico! (*Sale rápido.*)

EL GESTOR: ¿Adónde va? ¿Qué está tramando?

EL EXPLICADOR, *asomando la cabeza:* Preparo mi escena particular...

EL GESTOR, *a DON MIGUEL:* ¿Sabe usted, algo?

DON MIGUEL: Nada de nada..., pero ha hablado de una escena, ha dicho que prepara su escena... ¿Qué escena?

EL GESTOR: Hemos de aceptar que su cabeza no discurre del todo al cien por cien... A momentos se desestabiliza debido a su trastorno mental.

DON MIGUEL: ¡Qué significa eso de su escena! Aquí no caben más escenas que las de mi teatro y no voy a consentirlo. ¡Con trastorno o sin él, es un atropello! ¡Una usurpación!

Entra EL EXPLICADOR, lleva puesta una despampanante peluca rubia de mujer y sobre el batín, un chaleco de piel de cordero tipo zamarra de pastor. Empuja un maniquí naturalista vestido con un traje de mujer del siglo XVI, que se desplaza fácilmente sobre una peana con ruedas.

EL EXPLICADOR, *a DON MIGUEL:* ¡Me dispongo a interpretar una escena de su teatro Don Miguel, perteneciente a su comedia «El laberinto del amor»! (*Al público.*) Si están ahí, se hallan ustedes ante la escena de dos mujeres que para su regocijo y para mi lucimiento actoral, se disfrazan de pastores. (*Señala el maniquí.*) Ella es Julia (*Se auto señala.*) y yo soy Porcia. Julia se disfraza de Camilo y yo me transformo en Rutilio. (*Se quita la peluca y debajo de esta luce una rústica boina de color negro.*) Mediante este camuflaje que a ambas nos hace irreconocibles, informamos a los personajes de Manfredo y Anastasio, que Julia y Porcia, es decir nosotras, les aman locamente. Se trata de una comedia de enredos amorosos, muy vodevilesca, muy laberíntica como su título indica. De modo que sin duda les gustará. (*A Don Miguel.*) A usted, también. Seguro que sabrá apreciar como únicamente el talento de un buen actor es capaz de transformar la literatura dramática, un puñado de palabras que aguardan dormidas, en una acción escénica despierta y palpitante.

Don Miguel: Desconozco adonde pretende llegar... pero por mi «Laberinto del amor» desfilan muchos personajes y ni una sola escena está escrita para ser interpretada por un solo actor. (*Al público.*) Hay en «Mi laberinto del amor» un sin fin de diálogos, enredos, juegos escénicos, disfraces y divertidos equívocos, hasta tal punto los hay, que finalizo la obra con unos versos en cuarteta pronunciados por un personaje llamado Tácito:
Éstas son, ¡oh Amor!, en fin,
tus disparates y hazañas;
y aquí acaban las marañas
tuyas, que no tienen fin.

El explicador, *al público*: ¡Atiendan a mi magistral acercamiento al arte transformista de Leopoldo Frégoli ! (*Se sitúa detrás del maniquí y habla como Julia.*

Julia:
Rutilio amigo, ¡ay de mí!,
que arrepentida me veo,
muerta a manos de un deseo
a quien yo la vida di.

Mientras más, Rutilio, voy
considerando lo hecho,
más temor nace en mi pecho,
más arrepentida estoy.

Emerge desde detrás del maniquí para ser PORCIA.

PORCIA:
Eso, amigo, es lo peor.
Que yo veo en tus dolores,
que adonde sobran temores,
hay siempre falta de amor.
Si el amor en ti se enfría,
cuesta se te hará la palma,
grave tormenta la calma,
noche oscura el claro día.
Ama más (*Hace un gesto expresivo y obsceno.*) y verás luego
esparcirse los nublados.
Todos tus males trocados
en dulce paz y sosiego.
Pero, quieras o no quieras,
ya estás puesta en la batalla,
y tienes de atropellarla,
sea de burlas, sea de veras.
Ya en el ciego laberinto
te metió el amor cruel;
ya no puedes salir de él
por industria ni distinto.

EL GESTOR, *interrumpiendo*: Un breve y necesario inciso. (*Al público.*) Señoras y señores, en el vocabulario cervantino las palabras «industria» y «distinto», equivalen a «astucia» y «instinto» respectivamente. Con la traducción a esos significados deben considerarlas.

Don Miguel, *a El Gestor:* ¡Usted también! ¡Que manía tienen el uno y el otro con interrumpir mi obra! (*A El Explicador.*) ¡Continúe, me gusta, es muy interesante!

El explicador: ¡Se agradece el estímulo Don Miguel! (*Al público.*) Disculpen la interrupción. Continúen viéndome como Porcia.

> *Al tiempo que habla, se sitúa junto al maniquí y va desabrochando la espalda del vestido de Julia.*

Porcia:
El hilo de la razón
no hace el caso que prevengas.
Todo el toque está en que tengas
un gallardo corazón;

> *Continua hablando, al tiempo que despoja el maniquí de la parte superior del vestido y debajo de este vemos que lleva una vieja camisa de color ocre y un chaleco zamarra de piel de cordero.*

no para entrar en peleas,
que en ella no es bien te pongas,
sino con que te dispongas
a alcanzar lo que deseas,

> *Continua hablando mientras libera al maniquí de la falda, dejándola resbalar hasta los pies. Debajo, vemos que lleva unos usados pantalones de gruesa pana color marrón.*

te cueste lo que costare.
Que si tu deseo alcanzas,
no hay cumplidas esperanzas
en quien el gusto repare. (*Con voz bronca, hombruna.*)
Muestra ser varón en todo,
no te descuides acaso.

Algo más alarga el paso,
y huella de aqueste modo. (*Camina con hombrunas y largas
zancadas.*)
A la voz da más aliento,
no salga tan delicada.

> *Continua hablando mientras saca de su bolsillo un lápiz
> negro de maquillaje y en el femenino rostro del maniquí,
> subraya las cejas pintándolas gruesas y cejijuntas. Sobre los
> delicados labios, pinta un descuidado e irregular bigote.*

No estés encogida en nada,
esparcete en tu contento.
Y si fuere menester
disparar un arcabuz,
¡Juro a Dios y a está que es cruz, (*Superpone un dedo horizontal a la vertical del lápiz formando una cruz y la besa.*)
que lo tenéis que hacer! (*Se oculta tras el maniquí, lo desplaza
un poco hacia delante y pasa a ser* JULIA.)

JULIA:
¡Jesús! ¿quieres que me asombre,
Rutilio, en verte jurar? (*Sale de detrás del maniquí y pasa a
ser* PORCIA.)

PORCIA, *al público*:
¿Con qué podré yo mostrar
 más fácilmente ser hombre?

> *Se cala la boina hasta las cejas, se golpea el pecho con
> ambos puños al modo gorila, apoya ambas manos en el
> respaldo del sillón, flexiona un poco las rodillas y expulsa
> una ventosidad estruendosa.*

> *Se incorpora, se desprende de la boina y la zamarra de
> pastor y saluda con gesto amplio y operístico.*

EL GESTOR, *a Don Miguel*: ¿Refresque mi memoria Don Miguel, esa vulgar y aparatosa ventosidad está en el origen o es añadida?

DON MIGUEL: No figura en mi texto, pero...

EL EXPLICADOR, *interrumpiendo*: Pero queda legitimada por mi puesta en escena. (*Al público.*) Una ventosidad retumbante como un trueno, puede ser el máximo exponente de una hombría rústica, como se supone que lo es la de los dos pastores que Julia y Porcia encarnan con sus disfraces. (*A Don Miguel.*) Dejando el pedo aparte, ¡veo satisfacción en su rostro! ¡Si desea felicitarme no se corte! ¡El halago y el aplauso son el alimento del actor!

DON MIGUEL: Debo admitir que en contra de mi prevención inicial su trabajo me ha convencido. Y sorprendido gratamente. Nunca había imaginado que una escena que escribí para dos actrices que haciendo de mujeres se disfrazan de hombres, pudiese ser interpretada no ya por dos actores, sino por un solo actor interpretando alternativamente ambas mujeres disfrazadas.

EL GESTOR, *severo, a El Explicador*: ¡Debería haberme puesto al corriente de su intención, en lugar de plantificármela por sorpresa delante de las narices!

EL EXPLICADOR: Y arriesgarme a que usted la considerase poco apropiada...

EL GESTOR: ¡Yo tomo las decisiones! ¡Soy el único responsable!

EL EXPLICADOR: Una responsabilidad en todo momento supervisada por los Hermanos Mecenas...

EL GESTOR: ¡Miente! ¡Los Hermanos patrocinan pero no supervisan! ¡Le exijo el máximo respeto!

Don Miguel: Calma, calma, yo soy el más afectado por la intromisión... Y sin embargo no tengo nada que objetar a ese entrometimiento, todo lo contrario puesto que ha redundado a mi favor. ¡Mejor promoción de mi teatro imposible!

El explicador, *a Don Miguel*: Ahora, es usted consciente de mi genialidad, de que puedo bordar magistralmente a cualquiera de sus personajes, incluso a usted mismo. Yo puedo ser sobre el escenario un Cervantes mejor que el Cervantes verdadero, ¡puedo hacerle ser a usted, un Cervantes sublime! ¡Debe renunciar definitivamente a la escena final, debe traspasármela!

SITUACIÓN ONCEAVA

Don Miguel: Me aprieta..., me oprime mucho la golilla, es como si fuese una zarpa peluda, la mano de un mono velludo que va estrechando sus dedos... cada vez ejerciendo más tenaza... más... y más... Aquí un descanso me vendría de perlas, pero creo que no está previsto...

El explicador: En el teatro existen los descansos, los entreactos, las medias partes. (*A El Gestor.*) ¿Es esto un teatro? ¿Es esto una representación? ¡Por enésima vez, reclamo saber donde estoy y que hago aquí! ¿Hago de actor? ¿De conferenciante? ¿De rapsoda? ¿De puente informativo y enlazador entre lo escénico y el público? ¡Exijo, de una vez por todas, saber si estamos o no estamos haciendo teatro!

El gestor: El teatro no existe. Eso que muchos llaman teatro, es, sencillamente, la noble verdad empeñada en desenmascarar la pérfida mentira. Como actor clásico, demasiado «clásico» a mi parecer, ya debería saberlo.

El explicador: ¿Existe la luna?

El gestor: A qué viene...

EL EXPLICADOR: Conteste. ¿Existe la luna?

EL GESTOR: Claro que existe. Los astronautas americanos la pisaron bien pisada.

EL EXPLICADOR: ¡Pues ahí! Ahí radica la diferencia. La luna del teatro no se puede pisar. La luna del teatro puede ser un disco de hojalata suspendido por un cable, puede ser un proyector de luz circular enfocando el ciclorama. La luna, es una ficción.

EL GESTOR: Una ficción que se tiene por verdad absoluta. De lo contrario, la magia del teatro se desvanece y muere al instante.

DON MIGUEL: Señores, ¡estamos o no estamos en lo mío! Me gustaría terminar pronto, la maldita golilla no me deja vivir... (*Al público.*) Ahora toca incursionar en mi condición de poeta, tal vez la menos conocida por ustedes. Según la mitología griega, El Parnaso era un monte donde se reunían el dios Apolo y una pléyade de musas para pasárselo en grande... Con el tiempo se convirtió en centro de reunión simbólica de poetas, una especie de club privado con acceso limitado a los poseedores de verdadero talento. Eso no quita que entre los dotados, pudiese colarse algún versificador de baja calidad. La intromisión del mediocre con ganas de trepar, se da en todos los ámbitos de la sociedad. (*Se lleva la mano al cuello.*) Me ahoga... Voy a ofrecerles un fragmento extraído de mi extenso poema: «Viaje del Parnaso».

ACTO DOCEAVO

DON MIGUEL: Y para la poesía me vendría bien un poco de escenificación para que el poema pueda transitar más diáfano y más cercano.

EL EXPLICADOR: ¿Hay personaje para mí?

DON MIGUEL: El protagonista del poema soy yo mismo, es Cervantes hablando en primera persona. Pero usted, puede ser Dios.

EL EXPLICADOR: ¿Aparece Dios en el poema?

DON MIGUEL: Un Dios olímpico.

EL EXPLICADOR: ¿Zeus, también conocido como Júpiter?

DON MIGUEL: Hermes, también conocido como Mercurio. Menor en categoría divina y menor en cantidad de versificación en el poema, pero tan importante como mi personaje en el aspecto dramatúrgico. (*A EL GESTOR.*) Preciso de un barco, concretamente de una galera del siglo XVI o XVII, provista de todos sus detalles marineros: hilera de remos, mástiles, velas y demás aparejos... Pero no navegando, como podría navegar si aquí no hay mar alguno. Que descienda de lo alto, lentamente, por obra y gracia de la tramoya...

EL GESTOR: ¿Qué escala de proporciones necesita?

DON MIGUEL: Una muy reducida, manejable...y que al bajar se detenga y quede suspendida a un metro del suelo...

EL GESTOR, *al público*: Los deseos de Don Miguel se cumplen sin vacilación. Desde arriba, sujeta por dos cables, ahora mismo descenderá con lentitud casi solemne, una galera aproximadamente de un metro de eslora: la distancia que va de la proa a la popa. Al servicio de Don Miguel y su «Viaje del Parnaso». (*Mira a lo alto.*) ¡Ya aparece, ahí está...! (*Sujeta*

por dos cables, va descendiendo la galera hasta detenerse y
quedar suspendida a un metro del suelo.)

CERVANTES:
Áncoras echa, y en el puerto para.
Tocan de la ribera los umbrales.
Sale del rico esquife un caballero
en hombros de otros cuatro principales,
en cuyo traje y ademán severo
vi de Mercurio al vivo la figura,
de los fingidos dioses mensajero.
En el gallardo talle y compostura,
en los alados pies, y el caduceo,
—símbolo de prudencia y de cordura—,
digo que al mismo paraninfo veo.
Me mandó el Dios parlero luego alzarme,
y con medidos versos y sonantes,
de esta manera comenzó a hablarme.

EL EXPLICADOR, hace de MERCURIO.

MERCURIO:
«¡Oh Adán de los poetas, oh Cervantes!
¿Qué alforjas y qué traje es éste amigo,
que así muestra discursos ignorantes?»

CERVANTES:
Yo, respondiendo su demanda, digo:
«Señor: voy al Parnaso, y, como pobre,
con este aliño mi jornada sigo.»
Y él de mí dijo:

MERCURIO:
«¡Oh sobrehumano
y sobre espíritu cillero levantado,

toda abundancia y todo honor te sobre!
Bien sé que en la naval dura palestra
perdiste el movimiento de la mano
izquierda, para la gloria de la diestra.
Y sé que aquel instinto sobrehumano
que de raro inventor tu pecho encierra
no te la ha dado el padre Apolo en vano.
Tus obras los rincones de la tierra,
llevándolas en grupa Rocinante,
descubren y a la envidia mueven guerra.
Pasa, raro inventor, pasa adelante,
antes que el escuadrón vulgar acuda
de más de veinte mil sietemesinos
poetas que de serlo están en duda.
Llenas van ya las sendas y caminos
de esta canalla inútil contra el monte,
que aun de estar a su sombra no son dignos.
Ármate de tus versos luego, y ponte
a punto de seguir este viaje
conmigo, y a la gran obra disponte.
Entra conmigo en mi galera y mira
cosas con que te asombres y asegures»

CERVANTES:
Yo, aunque pensé que todo era mentira,
entré con él en la galera hermosa
y vi lo que pensar en ello admira!

> *Contempla la galera con admiración al tiempo que va describiendo «el barco construido de poesía» y va señalando las partes que menciona.*

De la quilla a la gavia, ¡oh extraña cosa!, (*Señala ambas.*)
toda de versos era fabricada,

sin que se entremetiese alguna prosa.
La popa, de materia extraordinaria, (*La señala.*)
bastarda, y de legítimos sonetos,
de labor peregrina en todo y varia.
Eran dos valentísimos tercetos
los espaldares de la izquierda y diestra, (*Señala las hileras de remos.*)
para dar boga larga muy perfectos.
Hecha ser la crujía se me muestra
de una luenga y tristísima elegía,
que no en cantar sino en llorar es diestra.
El árbol hasta el cielo levantado, (*Señala el palo mayor.*)
de una dura canción prolija estaba
de canto de seis dedos embreado.
Él y la antena que por él cruzaba, (*Señala el mástil que cruza en perpendicular el palo mayor.*)
de duros estrambotes la madera
de que eran hechos claros se mostraba.
Las jarcias parecían seguidillas. (*Señala cables y cuerdas*).
de disparates mil y más compuestas,
que suelen en el alma hacer cosquillas.
Era cosa de ver las bulliciosas
banderillas que al aire tremolaban, (*Señala los diminutos banderines que ondean en los mástiles.*)
de varias rimas algo licenciosas.
Los grumetes, que aquí y allí cruzaban,
de encadenados versos parecían,
puesto que como libres trabajaban.
Todas las obras muertas componían
o versos sueltos, o sextinas graves,
que a la galera más gallarda hacían. (*Admirando el barquito.*)
En fin, con modos blandos y suaves,

viendo Mercurio que yo visto había
el bajel, que es razón, lector, que alabes,
junto a mí se sentó, y su voz envía
a mis oídos en razones claras
y llenas de suavísima armonía,
diciendo:

MERCURIO:
«Entre las cosas que son raras
y nuevas en el mundo y peregrinas,
verás, si en ello adviertes y reparas,
que es una este bajel de las más dignas».

DON MIGUEL: El fragmento que acabo de ofrecerles entraña la intención de alertar sobre imponernos la obligación de no aceptar jamás gato por liebre. Ni en arte ni en nada. A los fatuos imitadores de poesía, a esos presuntuosos impostores del talento que intentan trepar por las laderas del Parnaso, hay que ponerles coto con un certero verso de Antonio Machado: «Desdeño las romanzas de los tenores huecos». La creación literaria solo puede ser servida desde la humildad. Todo ese universo de alabanzas que el divino Mercurio me ha ofrendado, admito que mucho me seduce y alaga, puesto que el Dios Olímpico me trata como al mejor de los poetas. Pero soy consciente de que toda esa pompa procede únicamente de un espejismo tejido en mi cerebro, compuesto a medias de creativa imaginación y fatua vanidad.

Del mismo modo en que ha descendido, el barco galera asciende hasta desaparecer.

EPÍSTOLA TRECE

El explicador: ¡Miguel de Cervantes Saavedra para la admiración del mundo entero! Su poema «Viaje del Parnaso», se me antoja, por el fragmento que acaba de ofrecernos, bellísimo. Pero, justamente ese fragmento, podría acarrearle ciertos problemas... Es oportuno, que usted lo sepa, Don Miguel.

Don Miguel, *mosqueado*: ¿Qué problemas?

El explicador: Hoy en día, internet y las redes sociales son una puerta abierta de par en par a todo tipo de noticias falsas, calumnias, insidias y rumores. Al amparo de las redes, la gente dice sin saber lo que dice y porque lo dice. No para de decir, dice sin continencia alguna y sin tener nada que decir. Podrían, con toda la mala intención, con el ánimo de perjudicarle, poner en marcha una acusación de plagio contra usted, Don Miguel.

Don Miguel: ¿Qué plagio? ¡Ya me está usted liando otra vez!

El explicador: Plagio de «Hansel y Gretel.» (*Al público.*) Señoras y señores, así como la casa de los niños Hansel y Gretel es toda ella de dulces, caramelos, mazapán y chocolate, el barco de Cervantes es todo él poesía, versos, rimas y sonetos. (*A Don Miguel.*) Para los carroñeros de las redes, hay suficiente motivo, tema y argumento. El plagiador ha sido descubierto. Su lapidación vía digital ya es posible...

Don Miguel: No entiendo..., no conozco a esa Hansel y a ese Gretel...

El explicador: Disculpe, es ese Hansel y esa Gretel, Don Miguel. Y ambos son personajes de ficción creados por los hermanos Grimm.

Don Miguel: ¡Más hermanos! ¿Del mismo pelaje que Los Mecenas?

El explicador: Por suerte, ningún parecido. Jacob Grimm y Wilhelm Grimm no tienen nada de mafiosos.

Don Miguel, *nervioso, contrariado*: ¡Jamás conocí a ningún Grimm. Nunca oí hablar de esa Grensel y ese Hantel! ¿Grimm o Grinn o como se llamen los hermanos, son anteriores a mi época?

El explicador: Posteriores, muy posteriores. «Hansel y Gretel» se publicó en 1812.

Don Miguel: ¡Entonces, como podría haberles plagiado!

El explicador: Esos datos la gente no los maneja. Ignoran en que siglo nació usted o nacieron los hermanos Grimm. Lo ignoran todo. Y lo peor es que no les importa ignorarlo. No saben nada de nada, no tienen ni la más remota idea, por ejemplo: de que naciones intervinieron en la segunda guerra mundial, o de quién inventó la penicilina, o quién inventó la imprenta. No saben quién era Sócrates, o Botticelli, o Descartes, o Guy de Maupassant, o Montserrat Caballé, o Benito Pérez Galdós, o Edith Piaf, o María Guerrero, o Emilia Pardo Bazán, o Luchino Visconti, o etc., etc. El mundo ha prescindido de la cultura, sustituida esta por la ligereza burbujeante de Internet.

Don Miguel: ¡Yo daría mi brazo, el que me queda sano, por conocer toda la cultura del mundo!

El explicador: No quiero deprimirle, pero hágase a la idea que en los últimos tiempos, toda la sociedad occidental ha hecho una profunda y voluntaria inmersión en la incultura, en la ignorancia. Vivimos en un mundo casi de analfabetos. ¡La cultura está muerta!

El gestor, *a El Explicador*: No le falta razón en su argumento sobre la incultura que nos amenaza, pero lo de Hansel y Gretel está fuera de lugar, es del todo exagerado. Creo que su desequilibrio mental transitorio, a veces le hace ser demasiado perspicaz, demasiado desconfiado y demasiado alarmista. No descuide su terapia, su medicación.

Don Miguel: Puedo aceptar que este tiempo de ustedes sea muy indiferente a la cultura, pero me niego a admitir, ni por un instante, que en ese aspecto mi siglo fue mejor. En los siglos XVI y XVII muchísima gente no sabía leer. Hoy, lee todo el mundo. No podemos negar el progreso. Millones de personas a lo largo y ancho del mundo, leen gracias a la escolarización infantil obligatoria, leen gracias al progreso. Leen, uno de los inicios de novela más difundidos. Ese que dice:

ESTAMPA CATORCEAVA

Don Miguel: «En un lugar de la Mancha, de cuyo nombre no quiero acordarme, no ha mucho tiempo que vivía un hidalgo, de los de lanza en astillero, adarga antigua, rocín flaco y galgo corredor. Una olla de algo más vaca que carnero, salpicón las más noches, duelos y quebrantos los sábados, lentejas los viernes, y algún palomino de añadidura los domingos, consumían las tres partes de su hacienda.» Este arranque es patrimonio de la humanidad, no existe criatura alguna sobre la faz de la tierra que no se haya leído esa retahíla de palabras. Lo que sigue a continuación también se va leyendo de corrido en todas las partes del mundo, traducido a más de 50 idiomas.

El explicador: Pero, lo que ya parece andar más trabado, es la lectura completa. Tarea ardua, dar con individuos que se hayan leído la novela de arriba abajo.

Don Miguel: Me consuela pensar que los primeros capítulos les proporcionan tanto entretenimiento, placer, amenidad y satisfacción, que aparcan la lectura después de los molinos de viento. Y quiero suponer que son muchos los que la retoman posteriormente.

EL EXPLICADOR, *a DON MIGUEL*: Es solo una hipótesis..., pero... y si pese a estar aquí, transportada su persona a través de los siglos, en realidad usted no fuese más que letras impresas sobre papel.

DON MIGUEL: Me parece una hipótesis muy irreal, pero creo que no me importaría ser únicamente letras. Todas las letras del abecedario engarzadas en inteligentes combinaciones de palabras. Palabras tejiendo frases. Frases componiendo párrafos. Párrafos que expresan ideas, conceptos y emociones.

EL GESTOR: Palabras bien alineadas, perfectamente paginadas, pulcramente encuadernadas, editadas en forma de libro.

DON MIGUEL: Preclara la palabra. Sabiduría el libro. Aceptaría ser letra sobre papel. Negro sobre blanco para la posteridad.

EL GESTOR: Si en la liturgia católica, gracias a la transubstanciación, el cuerpo de Cristo puede mutarse en una oblea, en nuestra liturgia, gracias a la escenificación, Don Miguel podría transformarse en libro. Un precioso libro, con una primera edición de amplia tirada. Tapa dura, por supuesto. Presentado en Barcelona un 23 de abril, coincidiendo con la festividad de San Jorge, patrón de Catalunya. Allí es costumbre muy arraigada regalar ese día un libro y una rosa. Tres personajes: un Santo, un libro y una flor. (*A DON MIGUEL.*) De encarnar nosotros a esos elementos, usted se rubricaría a sí mismo.

DON MIGUEL: ¿Me rubricaría a mí mismo?

EL GESTOR: Se rubricaría, imaginando una interminable cola de gente, ansiosa por lograr que usted les firmase un ejemplar del libro recién adquirido. Solicitarían su firma estampada al pie de una ingeniosa dedicatoria. En el contexto de esa extraña ficción, usted podría ser escritor y escrito al mismo tiempo, existir doblemente en una suerte de alteridad. (*A El Explicador.*) Y usted debería encarnar...

El explicador, *interrumpiendo, visiblemente molesto*: ¡No me diga que yo sería la efímera rosa! ¡Antes me endosó la caña y ahora la flor! ¡Es inaceptable!

El gestor: Su soberbia es mayúscula, hasta el punto que le empuja a querer ser el protagonista de un absoluto delirio que ni estamos viviendo ni estamos representando. Pero no se preocupe, en el supuesto de llegar a incorporarlo, me refiero al delirio, yo, desde mi cargo de El Gestor, favorecería su vanidad enfermiza permitiendo que usted pudiese engallarse encarnando al flamante San Jorge, enfundado en impoluta armadura niquelada y hacedor de la gesta universal de lancear al dragón. ¡Más gloria, imposible! ¡Más generosidad por mi parte, imposible también!

El explicador: ¡Ese San Jorge o Sant Jordi, no es más que una volátil leyenda! ¡Es inconsistente! ¡Carece de toda corporeidad!

El gestor: Le repito, que en el hipotético caso de que un buen día, yo decidiese sumar a este acto, la quimérica fábula que acabo de inventarme, usted, como ya le he indicado, interpretaría al santo lancero. Yo, con humildad, me adjudicaría ser la rosa bella y perfumada, pero pronta a marchitarse.

El explicador, *airado*: ¡«Inventarme» ha dicho! ¡El invento es mío, soy yo quien ha sugerido esa idea de que Don Miguel pueda ser letra sobre papel! ¡Por tanto, consecuentemente, respetando mi idea, yo debería ser libro! ¡El libro de mi biografía! ¡La mayoría de grandes actores disponen de su biografía o sus memorias! ¡Tengo suficiente currículum para ser negro sobre blanco! ¡Soy letra impresa! ¡Me ahogo! ¡Me falta el aire!

EL GESTOR: Intente tranquilizarse. Respire profundamente. Haga por regresar a la realidad, a la cordura. Tómese sus pastillas...

EL EXPLICADOR, *extrae un tubo de pastillas de su bolsillo, se mete un par en la boca, se las traga, respira hondo y a DON MIGUEL, doblando el brazo y ofreciendo su bíceps*: ¡Toque mi brazo, compruebe que en lugar de carne y hueso, es pasta de celulosa! (*DON MIGUEL, parece desconcertado.*) ¡Toque! ¡Se lo ruego...!

DON MIGUEL, *palpándole el brazo*: Yo, francamente, diría que esto es carne, carne fibrosa con músculos de atleta olímpico. Lo que bien podría ser de pasta de celulosa son los títeres del retablo de Maese Pedro que aparecen en un capítulo de mi «Don Quijote».

EL GESTOR, *a EL EXPLICADOR*: Creo que se ha emocionado en exceso...

DON MIGUEL: Recuerdo haber leído que Antonín Artaud calificaba al actor como un atleta de las emociones.

EL EXPLICADOR: ¡Yo, ahora mismo, ya no sé si me siento capacitado para emocionar...! (*Sobreexcitado.*) ¡Estoy muy mal... me siento demasiado nervioso, fuera de lugar..., al borde del desvarío...! ¡Creo que pierdo el control...! ¡Me espanto por momentos...!

EL GESTOR: Ingiera alguna pastilla más, pero sin excederse...

EL EXPLICADOR, *respirando hondo y tras una pausa*: No, no es necesario... Ya pasó... No se alarmen, según los doctores que me atienden, mis crisis y desequilibrios tienen pronta curación. (*Al público.*) Les ruego me disculpen... Básicamente, mis alteraciones están motivados por la acumulación de un enorme y prolongado estrés. El único peligro estriba en que de no solucionarse podría derivar hacia una profunda depresión. Parece probado científicamente que los actores y actrices, con cada estreno, por la enorme presión y responsabilidad que supone, perdemos algún año de vida. No pueden llegar a imaginarse como se sufre la noche del estreno... Y lo peor es que esa inseguridad aumenta cada vez. Hay un pánico gigante a olvidarse del texto y quedarse en blanco... Luego está el fantasma del fracaso, el miedo a que tu trabajo no sea valorado. La posibilidad de no convencer se vive con mucha angustia...

DON MIGUEL: Conozco ese pánico. Es muy semejante al del escritor ante la hoja de papel en blanco. A veces, la idea no surge y el desasosiego se va acrecentando...

EL GESTOR, *a EL EXPLICADOR*: ¿Seguro que se encuentra bien?

EL EXPLICADOR: Ya estoy mucho mejor...

EL GESTOR: ¿Necesita una pausa?

EL EXPLICADOR: Vuelvo a sentirme relajado... recupero la confianza en creer que de un modo u otro continuo siendo un excelente actor trabajando para algún tipo de público... pese a que todo esto es muy extraño... (*Por su exiguo vestuario.*) y yo continuo tan desvestido como al principio... (*Al público.*) ¡Les suplico que me vistan...!

EL GESTOR: Le vestirán, le vestirán, no se preocupe. Todo en orden, pues. Podemos avanzar. (*Al público.*) Ahora sí, ha llegado el momento. Señoras y señores, con todos y todas ustedes, directamente des del Siglo de Oro, el protagonista de una de las «Novelas Ejemplares» más conocida: «El Licenciado Vidriera». ¡Personaje narrado por nuestro gran actor especialista en los textos clásicos!

El explicador: ¿Narro o interpreto?

El gestor: Narra, narra, como va a interpretar. ¡Es novela!

Don Miguel: ¡Absténgase totalmente de ilustraciones actorales! Es más que suficiente con contar, contar el argumento con una sobriedad sutilmente embaucadora, como lo contaría un cuentacuentos...

El explicador: Un mínimo atrezo me hace falta. (*Dirigiéndose al bastidor lateral.*) ¡Un cojín! ¡Un mullido cojín, para mitigar la fragilidad acristalada del personaje!

> *Por el bastidor o panel lateral, aparece la mano del guante rojo, ahora sujetando un cojín de terciopelo verde. El Explicador lo coge y lo deposita en el asiento del sillón frailero:*

El explicador, *al público, creando interés con cierto tono al estilo cuentacuentos*: Seis meses estuvo en la cama Tomás, en los cuales se secó y se puso, como suele decirse en los huesos, y mostraba tener turbados todos los sentidos. Y, aunque le hicieron los remedios posibles, sólo le sanaron la enfermedad del cuerpo, pero no de lo del entendimiento, porque quedó sano, y loco de la más extraña locura que entre las locuras que hasta entonces se había visto. Se imaginó el desdichado que era todo hecho de vidrio, y con esta imaginación, cuando alguno se llegaba a él, daba terribles voces... (*A El Gestor, a tono normal.*) ¿Le parece bien que incorpore algún grito, lamento o onomatopeya?

El gestor: ¡Me parece mal! ¡No interprete, no añada, limítese a explicar, y a expresarse únicamente desde la voz del narrador...! (*Don Miguel, aprueba con la cabeza.*)

El explicador, *al público, de nuevo en tono de cuentacuentos*:...terribles voces pidiendo y suplicando con palabras y razones concertadas que no se le acercasen, porque le quebrarían; que real y verdaderamente él no era como los otros hombres: que todo era de vidrio, de pies a cabeza... (*Con acusada prudencia de movimientos, a cámara lenta, como lo haría un actor de pantomima, se va sentando lentamente en el sillón frailero...*)

EL GESTOR, *mientras con gestos, muestra su disconformidad ante esa mímica no prevista*: ¡No ralentice el relato, tempo, ritmo...!

EL EXPLICADOR: Para sacarle de esta extraña imaginación, muchos, sin atender a sus voces y rogativas, arremetieron a él y le abrazaron, pidiéndole que advirtiese y mirase cómo no se quebraba. Pero lo que se granjeaba en esto que el pobre... se echaba en el suelo dando mil gritos, y luego no volvía en sí en cuatro horas. Y cuando volvía era renovando las plegarias y rogativas de que otra vez no le llegasen. Decía que le hablasen desde lejos y le preguntasen lo que quisiesen, porque a todos les respondería con más entendimiento, por ser hombre de vidrio y no de carne: que el vidrio, por ser materia sutil y delicada, obraba por ella el alma con más prontitud y eficacia que no por la del cuerpo, pesada y terrestre.

Quisieron algunos experimentar si era verdad lo que decía, y así, le preguntaron muchas y difíciles cosas, a las cuales respondió espontáneamente con grandísima agudeza de ingenio; cosa que causó admiración a los más letrados de la Universidad y a los profesores de la medicina y filosofía, viendo que era un sujeto donde se contenía tan extraordinaria locura como era el pensar que fuese de vidrio, se encerrase tan grande entendimiento que respondiese a toda pregunta con propiedad y agudeza.

Pidió Tomás le diesen alguna funda donde pusiese aquel vaso quebradizo de su cuerpo, porque de vestirse algún vestido estrecho no se quebrase; y así, le dieron una ropa parda y una camisa muy ancha, que él se vistió con mucho tiento y se ciñó con una cuerda de algodón. No quiso calzarse zapatos en ninguna manera, y el orden que tuvo para que le diesen de comer sin que a él llegasen fue poner en la punta de una vara una vasera de orinal, en la cual le ponían alguna cosa de fruta de las que a la sazón del tiempo ofrecía.

Carne ni pescado, no lo quería, no bebía sino en fuente o en río, y esto con las manos, cuando andaba por las calles iba por la mitad de ellas, mirando a los tejados, temeroso no le cayese alguna teja encima y le quebrase. Los veranos dormía en el campo al cielo abierto, y en los inviernos se metía en algún mesón, y en el pajar se enterraba hasta la garganta, diciendo que aquella era la más propia y más segura cama que podían tener los hombres de vidrio. (*Se levanta y saluda al público doblando la espalda al modo teatral.*)

FRAGMENTO QUINCE

EL GESTOR, *al público*: Me parece oportuno informarles de que la locura del licenciado, creyéndose todo él de frágil vidrio es producto de los efectos de un hechizo que se explica en páginas anteriores de la novela...

DON MIGUEL: Así es, en un pasaje anterior. Donde sucede que una dama cortesana, habiéndose enamorado perdidamente de El Licenciado, ve como este se muestra más atento al goce intelectual que proporciona la lectura, que al placer carnal que ella puede proporcionarle abriendo sus piernas con tanta amplitud como un compás de geometría. La dama cortesana, no acepta de ningún modo tener menos poder de seducción que un montón de libros y urde un plan. Le da a comer a Tomás, una porción de membrillo hechizado.

EL GESTOR: La confitura sometida a embrujo, adquiere un gran poder para envenenar la mente del pobre Tomás. De ahí le surge el mal de creerse todo él de frágil vidrio. Se diría que esa novela tiene algo como filosófico al confrontar el placer del cuerpo que desea la cortesana, con el placer del alma que elige El Licenciado. Hay implícito el favor a la cultura por encima de lo mundano.

EL EXPLICADOR: «El licenciado vidriera» se integra en ese corpus novelístico que usted Don Miguel, bautizó como «Novelas Ejemplares». ¿No acierto a ver, qué tiene de ejemplar?

DON MIGUEL: La integridad, la coherencia de El Licenciado, fiel en todo momento a la lógica de su locura. Si Don Quijote se cree sin vacilaciones un caballero andante y como tal se comporta, Tomás se cree de vidrio y asume plenamente el peligro de romperse. Ese asumir las consecuencias sin titubeos, a mi modo de ver y tomado como una metáfora, es del todo ejemplar.

EL GESTOR, *al público*: El perfil de Tomás, visto con mirada actual, no genera controversia, al contrario, se le ve como a una pobre víctima. No pasa lo mismo con el personaje de la mujer, que puede verse con reprobación, como una mujer que se comporta condicionada por lo femenino convencional y no liberada por lo feminista progresista.

EL EXPLICADOR: Esa ausencia de feminismo no está tan clara. Quién nos asegura que una feminista radical en extremo, no querría ver en el membrillo emponzoñado, la rebeldía de una mujer que no acepta someterse a la decisión de un hombre.

EL GESTOR: En mi opinión, si sacamos a la dama de su contexto, cualquier persona juiciosa, sea hombre o mujer, hable desde la moral de derechas o desde la ética de izquierdas, puede considerar que la conducta de esa señora no es políticamente correcta, por no decir que es directamente delictiva.

EL EXPLICADOR: Delictiva en el siglo XXI, pero me pregunto, ¿también en el siglo XVII? (*Al público.*) El cineasta Jean Renoir, decía que lo único que precisa un personaje es tener sus razones, independientemente de que estas sean nobles o mezquinas, reaccionarias o progresistas. La señora del membrillo actúa por despecho, no acepta verse rechazada. Esa es su poderosa razón, sea esta femenina o feminista. En cualquier caso, si en algún momento, ustedes discrepan de lo que yo estoy exponiendo como encumbrado actor, o de lo que argumenta Don Miguel como insigne escritor, no se preocupen, atiendan a su propio criterio, fórmense una opinión personal sobre lo que escuchan prescindiendo de quién lo dice. Hagan valer su discernimiento particular. Hay mucha gente pobre de espíritu y sin opinión formada, que valoran el mensaje no por su contenido sino por quién lo emite. Es un poco penoso, demuestra mucha carencia de personalidad.

DON MIGUEL: Señores, estamos recreándonos continuamente en disquisiciones y la nefasta golilla me está martirizando como no pueden imaginar... Les ruego que en lo posible se avengan a no salirse de los aspectos concretos que atañen a mi biografía, a mi literatura...

EL EXPLICADOR, *al público:* Estarán de acuerdo conmigo en que la personalidad de Don Miguel siempre fluyó a raudales. Personalidad y talento para recrear en toda su obra literaria ese discurso desdoblado donde lo realista y lo verosímil enlazan y se fusionan armónicamente con lo fantasioso. La lástima es saber que la vida de un escritor tan extraordinario no fue precisamente un ascenso triunfal. Nunca se le facilitó que alcanzase la cumbre del Parnaso. (*A DON MIGUEL.*) ¡Un abrazo,

Don Miguel! ¡Y dejemos a un lado las rivalidades de escenario! (*Abraza a un sorprendido Don Miguel.*) ¡Es usted, un genio!

El gestor: Los numerosos biógrafos coinciden en señalar que Cervantes nació pobre y murió pobre. Fue un escritor pésimamente remunerado, castigado durante largos períodos por el silencio editorial.

El explicador: Injustamente ninguneado.

Don Miguel: Por mi época seguro. Y por las posteriores el reconocimiento debería haber sido más amplio, con más atención hacia el conjunto de mi obra.

El explicador: Si le sirve de consuelo, Don Miguel, es posible que de haber gozado usted de premios, agasajos y remuneraciones, se hubiese acomodado y su volumen de creación habría sido menor.

El gestor: Aunque en lo tocante al dinero, los biógrafos hacen referencia a épocas en que su economía pudo ser bastante saneada. Cuentan que volvió usted a Argel un tiempo después de haber regresado a España. Esta vez no como cautivo, sino como espía bien pagado, al servicio de Felipe II. Su cometido consistía en vigilar los movimientos de las tropas turcas, ante el peligro de un posible desembarco en las costas españolas.

El explicador: Y parece ser que más adelante, también pudo gozar de un buen sueldo trabajando como funcionario de la Administración Pública.

Don Miguel: Más que espiar, lo que hice en Argel fue obtener algunos informes. En lo tocante a la Administración Pública, trabajé primero como Comisario Real de Abastos, encargado de requisar, según me autorizaba la ley de la Corona, los tributos de aceites y cereales que debían satisfacer principalmente los Ayuntamientos. El problema era que la

Corona quería cobrar sin dilación y los pueblos presentaban toda la resistencia posible llegado el momento de satisfacer el decomiso que les correspondía. Fui enviado a Écija, Córdoba, Castro del Río, Jaén, Baeza y otras muchas poblaciones. En ese menester burocrático y recaudatorio de difícil ejecución, conocí todo tipo de chanchullos, sobornos, corruptelas y turbias maniobras. Los representantes y intermediarios no hacían más que complicar las gestiones en lugar de facilitarlas. Me vi firmando certificados, suscribiendo recibos, reclamando unos embargos de recaudación que nunca se me entregaban o se me entregaban a medias, sisando importantes cantidades. Me vi atrapado en una maraña de irregularidades que no me permitían cerrar bien las cuentas, pero puedo jurar que ningún desvío fue a parar a mis bolsillos. Se presentaron cargos en mi contra acusándome de haber sustraído parte de lo recaudado. ¿Para qué iba yo a amontonar toneladas de trigo o litros de aceite?

EL EXPLICADOR: Se cuenta que fue excomulgado.

DON MIGUEL: Así es, ejecuté una recaudación de cereales al estamento eclesiástico de Córdoba y la vengativa respuesta de la Iglesia consistió en excomulgarme. Tiempo después me fue restituido el derecho al sacramento.

EL EXPLICADOR: Ejerció también como Recaudador del Tribunal de Cuentas.

DON MIGUEL: El cargo anterior lo ejercí en Andalucía, este lo desempeñé en Castilla. Con contratiempos parecidos... Nunca he sido bueno para los asuntos mercantiles y en ese cargo también me vi involucrado en complicados asuntos relacionados con irregularidades financieras que escapaban a mi control... Se me acuso de haber manipulado el montante de dinero que me correspondía en concepto de sueldos atrasados.

EL EXPLICADOR: Fue encarcelado.

DON MIGUEL: Di con mis huesos en la cárcel en tres ocasiones. Afortunadamente siempre por periodos muy breves, de algunos días, mientras se iban aclarando mis diligencias y demostrando mi inocencia. Fue una experiencia corta compartiendo encierro con gente de los bajos fondos. De ahí extraje muchos referentes y tipologías para mi novela «Rinconete y Cortadillo».

EL EXPLICADOR: ¿Es verdad que cayó en la ludopatía y ese desliz aumento considerablemente sus deudas?

DON MIGUEL: ¿Ludopatía? Nunca había oído esa palabra...

EL EXPLICADOR: Es una enfermedad. Inclinación desmedida e incontrolable por los juegos de azar?

DON MIGUEL: Ah! Pues esa afición no se consideraba enfermedad en mi tiempo. Todo el mundo jugaba a los naipes y a los dados. Se jugaba a diario.

EL GESTOR: Hay que hacerse a la idea que prácticamente no tenían distracciones. Ni radio, ni cine, ni televisión. Podían leer, eso sí...

DON MIGUEL: Había pocos libros y muchos analfabetos. Y leer, lo digo por experiencia, era dificultoso, suponía mucha voluntad hacerlo en el interior de las casas. Las ventanas solían ser estrechas, entraba poca luz y requería alumbrarse con la llama temblorosa de una vela. De noche, ya se entiende que la dificultad aumentaba. En verano, de día, leer al aire libre era un buen sistema. Hacerlo en invierno, era un suplicio por el frío. Un buen lugar para leer en los meses invernales eran los establos de vacas o bueyes. Son animales pacíficos y silenciosos y por su volumen emiten mucho calor corporal. Recostado sobre la paja, entre vaca y vaca, se lograba un cierto confort para la lectura. Siempre poniendo cuidado en que la llama de la vela no prendiese la paja.

El explicador: Tenían también la distracción del teatro, compañías estables y compañías ambulantes.

Don Miguel: ¡No saben cuánto admiré a Lope!

El gestor, *con extrañeza*: ¿Le admiró? ¿Abiertamente?

Don Miguel: ¡A Lope de Rueda, le debo mucho! Tuve ocasión de ver a su compañía itinerante en mi juventud, allá por el año 1564, en Sevilla. Me causó un gran impacto. Puede decirse que mi vocación de dramaturgo la despertó Lope de Rueda.

El gestor: Ha mentado usted al maestro precursor. Lope de Rueda marca un antes y un después. Se le considera el primer profesional del teatro español. Y en su bien documentada «Historia del Teatro» el italiano Vito Pandolfi le señala como la fuente de inspiración de Lope de Vega. Son mucho Lope, los Lope. Bastante genial el primero, y decididamente un genio el segundo.

Don Miguel: Yo no les voy a la zaga. La mayoría de la gente lo desconoce, pero entre las muchas que se perdieron y las pocas que han permanecido, llegué a escribir una treintena de estupendas obras.

El explicador: Todas recibidas con escaso entusiasmo.

Don Miguel: ¡Ya vuelve a su incordio habitual! ¡Después no me venga con abrazos de oso! ¡Mi obra «El cerco de Numancia» siempre ha conocido el éxito! ¡También «La gran sultana»! ¡Haga el favor de respetarme!

El gestor: No se enfade Don Miguel, la discusión es el fundamento del diálogo. Y el teatro es diálogo. Una escena sin antagonismos, sin controversia, sin conflicto, no es nada. Avivemos la polémica.

El explicador, *a* **El Gestor**: Pues con su permiso, yo me presto a ser polémico. (*A* **Don Miguel**.) No alcanzo a comprender, como no ganó usted dinero a raudales con los derechos de autor de «El Quijote». Me parece sospechoso y dudo de la autenticidad de sus lamentos de pobreza.

Don Miguel: Disipe cualquier sospecha. Ya he dicho antes que los negocios no son mi fuerte. Vendí los derechos por una módica cantidad, necesitaba algo de dinero con urgencia. Vendí el manuscrito y con el manuscrito los derechos para toda España, a un tal Francisco de Robles. De él, pasó a la imprenta de Juan de la Cuesta. En el año 1604, en Madrid se publicaron seis ediciones. También se imprimió y vendió en Valencia, Aragón y Cataluña. Más adelante, Thomas Shelton tradujo la novela al inglés. «El Quijote» empezó a generar un dinero que no llegaba a mis bolsillos...

El gestor: Me consta que tuvo el favor de mecenas como el cardenal Ascanio Colonna, o el duque de Béjar, o el Conde de Lemos. ¿Hasta que punto contribuyeron a mejorar su economía?

Don Miguel: Eran mecenas, no limosneros. Y yo nunca les pedí dinero para mi sustento. Me ayudaron en el dificultoso empeño de dar salida editorial a mis libros. Otra función que ejercían los mecenas era proteger la posible usurpación de una obra por parte de plagiadores. Tengan en cuenta que aún no existían los derechos de autor y de propiedad intelectual. No había nada parecido a ese garante de la autoría que proporciona ese derecho de propiedad que ustedes denominan con una palabra extraña, creo que de origen inglés: «copirit» o algo parecido...

El gestor: El «copyright». Efectivamente esa es una buena protección amparada por la ley.

DON MIGUEL: Pues en mi tiempo ese amparo lo proporcionaban los mecenas. A pesar de ello, yo fui una víctima del plagio, me copió a mansalva aquel rufián de la literatura llamado Alonso Fernández de Avellaneda. Y me copió también Feliciano de Silva, aunque a ese no le niego el talento creativo.

EL GESTOR: Bertolt Brecht dijo en algún momento que antes de ponerse a llenar el espíritu, conviene tener llena la panza.

EL EXPLICADOR, *a DON MIGUEL*: ¿Me pregunto, si de haberlo usted solicitado, alguno de sus mecenas le habría proporcionado un holgado sueldo mensual?

EL GESTOR: Dar a la imprenta mis libros corriendo ellos con los gastos, era una forma indirecta de proporcionarme un sueldo. Además, mis deudas eran tantas y de importes tan elevados que para saldarlas habría necesitado el sostén de un ejército de mecenas.

EL EXPLICADOR: Entiendo que no quería vivir usted de la caridad.

DON MIGUEL: Quería vivir de mi oficio, de la venta de mis libros. Necesitaba publicar, dar a leer todo lo escrito. Contar con la ayuda de un mecenas era imprescindible, fundamental. No existía ningún dinero público destinado a proteger y promocionar la cultura. Cualquier fuente de ayuda había que solicitarla a las arcas privadas.

EL EXPLICADOR: Unas arcas privadas que mostrasen un mayor respeto hacia lo artístico, que el exhibido por el par de mecenas que estamos soportando nosotros. ¡Pienso en el ignominioso asunto de los chorizos contaminantes y me sonrojo de vergüenza...!

EL GESTOR, *llevándose el dedo índice a los labios y a bajo volumen*: Baje la voz, están ahí...Les veo entre bastidores...

EL EXPLICADOR, *intuyendo, bajando la voz*: ¿A quién ve?

El gestor, *en voz baja*: A Chema y a Pepe. Nos observan con una sonrisa arrogante. Están ahí, esperando el momento del sorteo. Prescindamos de ellos...

El explicador, *a viva voz*: ¡Yo no puedo prescindir! ¡Saber que están ahí, acechando, me perjudica, acrecienta mi trastorno psíquico! ¡Su asquerosa presencia es leña para el fuego de mi desequilibrio! ¡Se impone un giro en la historia! ¡Una contestación inmediata! Disculpe que una vez más ignore su responsabilidad jerárquica. (*Al público, subiendo mucho la voz.*) Señoras y señores, este es el mejor momento para mostrarles abiertamente a los hermanos Mecenas la escena burlesca que tenemos ensayada. Vamos a representarla ante sus propios ojos. La llamamos «el esquetche de las gafas» y con él retratamos su perversa sordidez mercantil (*A El Gestor.*) Antes nos ha indicado usted, que conflictividad y polémica son necesarias. ¡Vamos a por ellas! ¡Basta de monetizar la cultura! (*Elevando más la voz y hablando a bastidores.*) ¡Eh! ¡Señores Mecenas, atentos, vean como les parodiamos! ¡Vean como les denunciamos, como les criticamos y avergonzamos públicamente!

El gestor: ʼBaje la voz! ¡Piense que pueden enfadarse..., piense en lo que nos jugamos...!

El explicador: Se trata de una simple ficción. Además, según usted, ellos no nos supervisan. No pueden censurarnos. Póngase las gafas.

El gestor, *haciendo como que se palpa los bolsillos*: Me temo que no va a poder ser..., lo siento, no sé qué demonios he hecho con ellas..., las tenía en el bolsillo...

El explicador: ¡Las tiene en el bolsillo, póngaselas!

El gestor: ¡No vamos a sabotearnos a nosotros mismos ! ¡Le prohíbo la parodia!

El explicador: No se preocupe, con un hermano será suficiente. ¡Nos basta con exhibir a un delincuente! ¡Con señalar a un mafioso! (*Saca sus gafas negras del bolsillo, se las pone, pasa a ser* Pepe Mecenas *y al público.*)

Pepe Mecenas: ¡Les estaba escuchando desde ahí atrás! ¡Les he oído insultarnos y despotricar contra nuestro negocio! De inmediato, he llegado a una conclusión: estos cabronazos, como todos los del gremio de artistas, seguro que votan a Podemos. ¡Como si lo viera! ¡Pues se acabó! ¡Aquí mismo concluye nuestro mecenazgo! ¡Ahora mismo retiramos nuestro patrocinio! ¡Y ni regalo de chorizos, ni leches! ¡Cierro el grifo!

El gestor, *con visible incomodidad, desplazándose y dirigiendo la mirada a bastidores, fuera de escena, como hablando con los auténticos Mecenas*: No hagan caso..., se trata de una broma..., está alterado..., muy alterado..., pasa por una de las crisis de su enfermedad. Les ruego que no le tengan en cuenta este improcedente altercado. (*A* El Explicador.) Creo que ya tenemos suficiente parodia por hoy, usted ya se ha exhibido como actor y Don Miguel está esperando impaciente para continuar mostrándonos retazos de su magnífica literatura.

Don Miguel: Por mí no se preocupen, me gusta esta parodia, me recuerda a mi época, a los irreverentes y desvergonzados cómicos de la legua...

El Explicador, *sin inmutarse, continúa con su parodia emulando a* Pepe Mecenas.

Pepe Mecenas: Mi hermano Chema tiene en estos momentos una cita clandestina con Marine Le Pen. Clandestina porque ambos están casados y engañan a sus respectivas parejas. Le chifla esa mujer, quiere camelársela. Ella, le sorbe el seso y él pierde la cabeza. A mí también me gusta, me entusiasma su ardor guerrero. ¡Marine es una joya para la historia de Francia! Hablando de mujeres, por donde anda una manita que he visto antes, enfundada en sugerente terciopelo rojo. Me gustaría verla asomar inmediatamente... (*Pausa.*) ¿No asoma? ¿No se atreve a asomar la delicada manita? (*Pausa.*) Tal vez se siente intimidada por mi hombría, tal vez le infundo un poquitín de miedo...

Por un bastidor lateral, aparece la mano enguantada de rojo.

¡Atrevida la muchacha! ¡Me gusta! ¿Qué tal, nena? Me imagino que tras esa manita existe todo un cuerpecito... (*Ríe un poco.*) ¿Las braguitas también son rojas? (*Ríe y se aproxima al bastidor.*)

La mano hace un gesto de stop y a continuación, uno de garras amenazadoras.

¡Tranquila, muñeca! Un par de encargos. (*Se quita las gafas oscuras.*) Primero, deja mis gafas en la mesa de mi despacho. (*Le da las gafas y la mano las coge.*) Y segundo, controla que todos los lotes de mis chorizos se carguen en el camión y vuelvan al almacén. Es todo, de momento...(*Ríe.*)

La mano, sujetando las gafas, no se mueve.

¡A qué estás esperando! ¡ Vamos, cumple órdenes! ¡Ya!

La mano, estruja las gafas y las estrella violentamente contra el suelo.

¡Mis gafas!¡No lo voy a tolerar! ¡Es una osadía inútil que el débil intente enfrentarse al fuerte! (*Del bolsillo del batín, saca otras gafas oscuras y se las pone.*)

La mano enguantada, se anima gestualmente y le hace una «peineta».

¡Me desafías con peinetas! ¡Peinetas a mí!

Con el meñique y el índice alzados en vertical, la mano le hace unos «cuernos».

¡Cornudo, yo! ¡Tengo a la mujer en casa, pasando la aspiradora y cuidando de los niños! ¡Qué lo sepas, guapita!

Con los mismos dos dedos, ahora extendidos en horizontal, la mano le hace un: «quita, bicho».

¡Ese: «quita bicho», no lo consiento! ¡Hasta ahí podíamos llegar!

La mano se adelanta haciendo emerger parte de su brazo, al tiempo que también emerge otra mano y parte de su brazo. Ambas manos, con la colaboración de ambos brazos, ejecutan un contundente y sonoro «corte de mangas». Manos y brazos desaparecen tras el bastidor.

¡Ya es demasiado! (*Desconcertado y furioso, habla medio para sí mismo, medio para el público.*) ¡La manita se ha atrevido a rematar su insolencia con un corte de mangas! ¡Ahora, ya no tengo dudas! ¡Esa mano no es otra que la mano negra! Un momento... ¿Es la negra o es la roja? (*Pausa.*) ¡Es la roja, claro, la roja de Podemos! ¡Bueno, veremos quién puede más! (*Del bolsillo del batín saca un móvil, marca los dígitos y hablando.*) Póngame con el Presidente... (*Pausa.*) De Pepe Mecenas, consejero director de «Choricerías Reunidas» (*Pausa.*) Espero... (*Pausa.*) Presidente, qué tal... (*Pausa.*) Pues te llamo porqué me parece que estoy en un teatro... (*Pausa.*) Tiene bastante pinta de ser un teatro... (*Pausa.*) Ya, ya sé que de ser un teatro es estar en muy mal sitio... (*Pausa.*) ¿Ir al teatro? (*Pausa.*) Una vez, fui una vez, a ver un espectáculo de Norma Duval... (*Pausa.*) ¡Preciosas!, estoy de acuerdo querido Presidente... (*Pausa.*) ¡Menudos «jamonazos» los de la Norma! (*Pausa.*) ¿Qué, qué detecto? Pues mucho rojerío, eso es lo que aquí se detecta... (*Pausa.*) Se supone que una biografía de Cervantes, pero no se advierte el siglo de oro en ningún momento... (*Pausa.*) No, no, Javier Bardem no participa...(*Pausa.*) ¡Te aseguro Presidente, que jamás, ni por un instante, hemos pretendido ayudar a la cultura! (*Pausa.*) Puedes creerme, el único objetivo que persigue nuestro mecenazgo, Presidente, es ahorrarnos el pago de impuestos. (*Pausa.*) De acuerdo, hago indagaciones más precisas y luego te llamo Presidente... (*Pausa.*) ¡Un abrazo, Presidente! (*Cuelga.*)¡Conmigo no se juega! Cuando se lo cuente a mi hermano se pondrá como una fiera. ¡Se acabó nuestra generosidad choricera! (*Se quita las gafas y a EL GESTOR.*) ¿Qué tal, le he gustado? ¿Alguna nota o indicación?

EL GESTOR: ¡No me ha gustado en absoluto! ¡Tiene usted aficiones de terrorista de salón! ¡Es un irresponsable! ¡Tengo que disculparme ante los hermanos ahora mismo...! Si no consigo calmarles, este evento quedará inconcluso. ¡Sería una lástima... quedarnos sin un final brillante y espectacular! (*Sale.*)

DON MIGUEL: ¡Ha compuesto usted un Pepe Mecenas tan abrupto y malandrín como repugnante. ¡Le felicito!

EL EXPLICADOR: ¿Y al público, cree que les habré gustado?

DON MIGUEL: Según mi experiencia, que no es poca, nunca se llega a saber del todo lo que el público quiere o deja de querer. (*Al público.*) Ya fuera dirigido a un público lector o a un público espectador, mi trabajo artístico siempre caminó incierto, era como andar sobre una superficie de cristal. Cuando todo parecía ir bien, cuando creía que ya todas las musas danzaban a mi favor, de pronto la inspiración se esfumaba y el suelo se resquebraja bajo mis pies. Y me tocaba volver a empezar, hacer cambios, correcciones, incluso a veces, una idea que de inicio me había parecido magnífica acababa abandonándola. (*A* E*L* E*XPLICADOR*.) Nunca sabemos a ciencia cierta lo que puede causar entusiasmo o decepción en el respetable... Nunca sabes si tu creatividad avanzará en la luz o en las tinieblas. A veces, la luz es demasiado brillante, es engañosa, ciega en exceso. A veces, hay que correr el riesgo de intentar encontrar lo luminoso en un umbráculo. Es todo muy complicado...

EL GESTOR, *entrando, al público*: Tratar con los hermanos Mecenas es complicado. Yo soy complicado. (*A* D*ON* M*IGUEL*.) Usted, es complicado. (*A* E*L* E*XPLICADOR*.) ¡Y usted, más complicado todavía! (*Al público*.) Ustedes son complicados. El mundo entero es complicado. Llevar a cabo este acto es complicado. Tan complicado como intentar componer la biografía de alguien que vivió en siglos anteriores. La distancia, obliga al biógrafo a barajar ciertos aspectos más o menos creíbles, a elaborar complicadas hipótesis y a dar por ciertos hechos imposibles de aseverar con rotundidad. A menudo, no queda otro remedio que permitirse algunas licencias sustentadas en aproximaciones o incluso en invenciones. No existen documentos suficientemente contrastados, no hay testimonios del todo fiables, faltan pruebas veraces. (*A* D*ON* M*IGUEL*.) Eso no quita que algunos de sus biógrafos tengan mucho reconocimiento y credibilidad, como Jean Canavaggio.

DON MIGUEL, *al público*: Mis muchos biógrafos, siempre con la mejor intención, se han lanzado a tumba abierta a biografiarme, pero al margen de lo mucho que aporta la bibliografía, por lo que respecta a lo personal, lo cierto es que las fuentes de conocimiento con que operan son limitadas. Me sabe mal no haber pensado en facilitarles el trabajo, pero la verdad es que no he dejado archivos personales, ni correspondencia. Sólo algún documento notarial y las semblanzas, comentarios y descripciones con que yo mismo me describí... Y en algunas, como en la de la dentadura maltrecha, me permití fabular...

EL EXPLICADOR: No me negará que las aportaciones de los muchos estudiosos y ensayistas que han buceado en su obra son concienzudas. Como las de Marcelino Menéndez y Pelayo, o las de Martín de Riquer, por citar solo un par de ilustres investigadores.

DON MIGUEL: Esos intelectuales, a los que por supuesto respeto, han llegado a descubrir en mis novelas y en mi teatro aspectos y vericuetos que han llegado a sorprenderme hasta el pasmo. Han descubierto intenciones que yo ignoraba y que jamás pretendí.

EL GESTOR: En definitiva, mucho de lo que podría ser información, se acaba convirtiendo en conjeturas..., en algo relativamente creíble o directamente improbable ante la imposibilidad de disponer de una sólida base informativa. (*Al público.*) Como la quimérica posibilidad de que ustedes, ahora, aquí, en este momento, estén asistiendo a un verdadero encuentro con Miguel de Cervantes.

DON MIGUEL: Permítame discrepar en ese punto. Justamente porqué nos encontramos incrustados en alguna suerte de ficción, sea esta teatral, o antropológica, o biográfica, o de cualquier otra índole, es del todo verosímil que ahora, aquí, en este momento, yo sea el auténtico Cervantes. Otra cosa sería que alguien afirmase haberme visto paseando por La Castellana de Madrid o por La Rambla de Barcelona. Pero aquí, en este contexto de ficción que se supone retrata al dedillo mi realidad, a ver quién es el guapo que se atreve a poner en duda mi identidad...

El gestor: Por mí, no hay inconveniente en creer rotundamente que usted es el auténtico Miguel de Cervantes, aunque como antes ha quedado claro, algo más entrado en carnes que ese tipo famélico que los retratistas han ido suministrándonos a lo largo de los siglos.

Don Miguel: Es lo que hablábamos hace un momento, la falta de fiabilidad documental. Todos los retratos que se me atribuyen como verdaderos, parece ser que fueron pintados después de mi muerte. Yo no recuerdo haber posado para ningún pintor...

El explicador: ¡Me sorprende..., usted dejó escrito que existía un retrato, que posó ante el pintor Juan de Jáuregui!

Don Miguel: Así es. De mi puño y letra dejé constancia de ello en el prólogo a mis «Novelas Ejemplares».

El explicador: Una vez más, mintió.

Don Miguel: Mentí porqué cualquier creador artístico se debe a su propia fantasía. Lo único exigible es que esa fantasía, ese inventar, no se permita ser demasiado complaciente con el público. (*Se lleva la mano al cuello.*) ¡La golilla! ¡Cómo oprime la condenada! Con su permiso señor El Gestor, antes de que el constreñimiento se incremente y me impida respirar, esta incursión biográfica en mi obra artística debe proseguir sin más dilación. ¡No quiero imponer mi criterio, pero estoy harto de preámbulos y virajes narrativos que mucho distraen y poco concretan!

El explicador: Comparto su discrepancia. Cuando el timonel es inexperto el barco va a merced de las olas...

EL GESTOR: ¡Apelo a mi autoridad! Exijo a ambos, que a partir de este momento, dejen de llamarme El Gestor, me parece más apropiado y merecido que procedan a llamarme El Director. La palabra Gestor es demasiado funcional, es ambigua. Un director es alguien capaz de ser al mismo tiempo prudente y temerario. Racionalista y visceral. Analítico e intuitivo. Perceptivo y perspicaz. Sensible y determinante. Les pregunto, ¿no encajo yo, en esas cualidades? ¿Acaso no pienso? ¿Acaso no conceptualizo? ¿No tengo buen ojo para discernir cuál es el gesto más apropiado ¿Buen oído para seleccionar el tono de voz más ajustado? ¿Inteligencia para elegir en todo momento la dialéctica más conveniente? Vamos a proseguir como estaba previsto, (*A El Explicador.*) con usted presentando una de las novelas más conocidas de Don Miguel. Pero con una novedad que se me acaba de ocurrir, quiero que interprete al modo de la *commedia dell'arte*, al estilo de los cómicos de la legua, hágame la presentación a lo Lope de Rueda. (*Sale.*)

EL EXPLICADOR, *al público*: Las indicaciones de El Gestor son precipitadas e insuficientes, de modo que yo presentaré como se había previsto, al modo circense, con histrionismo. ¿Usted, qué opina?

DON MIGUEL: ¡Opino que El Gestor con Lope de Rueda y usted con Lope de Vega, no cesan de mortificarme! ¡Estoy por abandonar...! (*Sale.*)

EL EXPLICADOR, *al público, grandilocuente, con aires de presentador de pista, de feriante, de vendedor de elixires*: ¡Señoras y señores, la pareja que nos visita a continuación no son los legendarios Batman y Robín! ¡No son Pablo Iglesias e Irene Montero! ¡No nos visitan Manolo y Ramón del Dúo Dinámico! ¡Ni Ana Belén y Víctor Manuel! ¡No veremos a Carlos III de Inglaterra y a su amada Camilla Parker! ¡Nada que ver con

Hamlet y Ofelia! ¡Ninguna semejanza con Paris y Helena! ¡No se trata de Bonnie y Clyde! ¡En breves instantes, con nosotros, ese dúo singular, cervantesco y cervantino hasta la médula! ¡Ese par de muchachotes, que ya todos ustedes sin duda están adivinando! ¡Ellos, son, nada más y nada menos, que un par de hijos literarios entreverados entre las páginas de la que es o debería ser ampliamente reconocida como una de las más logradas novelas de Miguel de Cervantes! ¡Gozarán con esa pareja! ¡Saborearán el deleite que proporciona su sorprendente y sugestiva peripecia! ¡Ese par de estrellas rutilantes, son los inimitables, los ínclitos, los que en un instante irrumpirán con fuerza en este insólito perfil biográfico, sustentado por lo que parece ser un relato escenificado! ¡Señoras y señores, con todos ustedes, un breve apunte de la ejemplar novela:«Rinconete y Cortadillo»! (*Sale.*)

RELATO DIECISEISAVO

Al tiempo que sale EL EXPLICADOR, *entra* DON MIGUEL, *lleva en la mano un sombrero hongo de color negro.*

DON MIGUEL: Les presentaré ahora a La Cariharta, la prostituta que de aquí un instante se hará presente...Ya entra, parece maltrecha, golpeada...

Al tiempo que DON MIGUEL *sigue hablando, entra* EL GESTOR, *con los hombros cubiertos por un mantón de Manila de color rojo y bordados florales y coloristas de colores verde y amarillo. Va despeinado y luce un clavel rojo prendido en el pelo. La cara maquillada simulando alguna magulladura o hematoma. Encarna así el personaje de* LA CARIHARTA.

Entró La Cariharta, que era una moza del jaez de las otras y del mismo oficio. Venía descabellada y la cara llena de tolondrones. Y así como entró en el patio, se cayó en el suelo desmayada.

Entra El Explicador, también con los hombros cubiertos por un mantón de Manila, este de color azul y bordados florales y coloristas de colores naranja y blanco. Lleva un clavel rojo prendido en el pelo, encarnando así a La Gananciosa.

Acudieron a socorrerla La Gananciosa y La Escalanta, y desabrochándola el pecho, la hallaron toda denegrida y como magullada. Le echaron agua en el rostro, y ella volvió en sí diciendo a voces:

La Cariharta: ¡La justicia de Dios y del Rey venga sobre aquel ladrón desuellacaras, sobre aquel cobarde bajamanero, sobre aquel pícaro lendroso, que le he quitado más veces de la horca que tiene pelos en las barbas! ¡Desdichada de mí! ¡Mirad por quien he perdido y gastado mi mocedad y la flor de mis años, sino por un bellaco desalmado, facineroso e incorregible!

Don Miguel, se encasqueta el sombrero hongo para interpretar a Monipodio.

Monipodio: Sosiégate, Cariharta, que aquí estoy yo que te haré justicia. Cuéntanos tu agravio, que más estarás tú en contarlo que yo en hacerte vengada: dime si ha habido algo con tu Repolido, que sí así es y quieres venganza, no has menester más que boquear.

La Cariharta: De esta manera me ha parado aquel ingrato del Repolido, debiéndome más que a la madre que le parió. Y, ¿por qué pensáis que lo ha hecho? ¡Montas, que yo li di ocasión para ello! No, por cierto, lo hizo porque estando jugando y perdiendo, me envió a pedir con Cabrillas, treinta reales. Y yo no le envié más de veinticuatro, que el trabajo y afán con que yo los había ganado, ruego yo a los cielos que vayan en descuento de mis pecados. Y en pago de esta cortesía y buena obra, creyendo él que yo le sisaba algo de la cuenta que él allá en su imaginación había hecho de lo que yo podía tener, esta mañana me sacó al campo, detrás de la Huerta del Rey. (*Al público.*) Y allí, entre unos olivares, me desnudó, y con la pretina, sin excusar ni recoger los hierros, que en malos grillos y hierros le vea yo, me dio tantos azotes, que me dejó por muerta. De la cual verdadera historia son buenos testigos estos cardenales que miráis.

DON MIGUEL, *quitándose el sombrero*: Aquí tornó a levantar las voces, aquí volvió a pedir justicia, y aquí se la prometió de nuevo Monipodio y todos los bravos que allí estaban. La Gananciosa tomó la mano a consolarla, diciéndole que ella diera de muy buena gana una de las mejores preseas que tenía porque le hubiera pasado otro tanto con su querido.

La Gananciosa, coge la mano de La Cariharta.

EL GESTOR, *soltando su mano, abandonando el personaje de La Cariharta y a El explicador*: ¡Un momento! Paremos atención en la voluntad servil que está mostrando La Gananciosa, esa inconsciente mujer que usted interpreta. (*Al público.*) Una mujer alienada que acaba de manifestarnos sin pestañear, que daría una de sus mejores preseas por recibir una paliza. Por presea debe entenderse una joya de valor: un anillo, una pulsera, unos pendientes, etc. Es decir, que ante el inaceptable hecho de ser maltratada, ella responde premiando al maltratador y aceptando...

DON MIGUEL, *interrumpiendo*: ¡Por favor, vuelvan a mi «Rinconete y Cortadillo»! ¡Continúen! ¡Que prosiga La Gananciosa soltando barbaridades! ¡El público no es tonto, lo entiende todo...!

El explicador: Prosigo, prosigo si El Gestor o «El director» no me indica lo contrario. Prosigo con mi personaje de La Gananciosa. (*Al público.*) Antes han podido comprobar que no se me da mal interpretar personajes femeninos, pero «El laberinto del amor» no ha sido mi primera vez. Asumí el personaje de La Señora, en un montaje de «Las Criadas» de Jean Genet, interpretado por actores. En «El fantasma de Marsella» de Jean Cocteau, interprete a Máxim, un joven delincuente que para despistar a la policía se hace pasar por una muchacha. De Shakespeare interpreté a...

Don Miguel, *interrumpiendo*: ¡Déjese de contar batallas y hágame La Gananciosa! ¡Quiero mi Gananciosa sin más pausas! (*Al público, llevándose la mano al cuello*) ¡Esta golilla me destruye...!

Cogiendo la mano de La Cariharta, El Explicador vuelve a interpretar a La Gananciosa.

La Gananciosa: Quiero que sepas, hermana Cariharta, por si no lo sabes, que a la que se quiere, bien se la castiga. Cuando estos bellacos nos dan, y azotan y cocean, entonces es que nos adoran. Si no, confiésame una verdad, por tu vida: después que Repolido te hubo castigado y abrumado, ¿no te hizo alguna caricia?

La Cariharta: ¿Cómo una? Cien mil me hizo, y diera él un dedo de la mano por que me fuera con él a su posada; y aún me parece que casi se le saltaron las lágrimas de los ojos después de haberme molido.

La Gananciosa: No hay que dudar en eso. Y lloraría de pena de ver cuál te había puesto; que estos tales hombres y en tales casos, no han cometido la culpa cuando ya les viene el arrepentimiento. Y tú veras, hermana, si no viene a buscarte antes que de aquí nos vayamos, y a pedirte perdón de todo lo pasado, rindiéndosete como un cordero.

DON MIGUEL, *al público*: Huelga decir que en el pasaje que les acabo de ofrecer, los dos protagonistas Rinconete y Cortadillo no han hecho acto de presencia. Pero tengan por seguro que uno y otro son los personajes principales de la novela que lleva el nombre de ambos.

EL EXPLICADOR, *desprendiéndose del mantón y el clavel y al público*: Hablando del fragmento expuesto, si antes mencionaba que existen sólidas razones para considerar a Cervantes el inventor de la novela moderna, el fragmento seleccionado de «Rinconete y Cortadillo» viene a redundar aún más y mejor en lo dicho. Don Miguel de Cervantes nos sitúa ante una férrea denuncia contra el maltrato a las mujeres, contra la violencia de género, aun hoy, tristemente vigente.

EL GESTOR, *desprendiéndose del mantón y el clavel y al público*: Y por desgracia, absolutamente transversal. Porque si bien Don Miguel de Cervantes ha querido situar a la víctima en un contexto social de marginación, puesto que la maltratada La Cariharta es una prostituta, lo cierto es que el maltrato a la mujer alcanza todos los niveles sociales. Nos identificamos totalmente con La Cariharta, se merece todo nuestro apoyo y solidaridad.

EL EXPLICADOR: Y rechazamos doblemente a su maltratador, a ese impresentable Repolido, por violento y proxeneta. En cuanto a los inaceptables argumentos del personaje de la prostituta La Gananciosa, proclives a comprender la conducta del violento y lo que es aún peor: a perdonarla; sólo podemos entenderlos como pertenecientes a un modo de pensar del todo ignorante. Eso suponiendo que la ignorancia sea capaz de pensar. Los de La Gananciosa son argumentos propios de mujeres de otro tiempo, mujeres sometidas que llegaban a comportarse con una extrema aceptación y docilidad frente a conductas superlativamente machistas. Conductas inadmisibles desde la más elemental humanidad. Ese sometimiento de las mujeres, hoy podemos considerarlo casi extinguido. De todos modos, falta el casi... Todavía hoy, cuando el policía le insiste a la víctima que debe denunciar a su maltratador, a veces, ella, duda y responde: «no sé si quiero denunciarle, nunca me había pegado hasta hoy»

CUADERNO DECIMOSÉPTIMO

El gestor, *a Don Miguel*: Vamos a ir encarando ya el final... Ha sido una buena antología del conjunto de su variada literatura.

Don Miguel: ¡Todavía no! Ampliemos un poco más la muestra. Son muchos los que ignoran que puedo ofrecerles múltiples lecturas.

El gestor: Creo que ya ha quedado sobrada constancia de que el conjunto de su obra es amplio y variado, Don Miguel...

Don Miguel: Incorporemos un breve pasaje de mi novela «Los trabajos de Persiles y Segismunda». Se lo ruego, tiene un significado especial, fue la última que escribí...

El gestor: Si es breve, adelante...

Don Miguel, *al público*: Terminé «Los trabajos de Persiles y Segismunda» en 1616, el mismo año de mi fallecimiento. No alcancé a verla publicada, de modo que es mi novela póstuma. Quiero obsequiarles con un fragmento muy emotivo, donde se hace palpable el dolor del personaje de Ambrosia Agustina, que recién casada se ve abandonada por su esposo. La renuncia del esposo a la felicidad matrimonial no acontece por su voluntad, sino por las exigencias de un deber patriótico y castrense puesto al servicio de unos preparativos para entrar en combate. La guerra, insensible y cruel, es incapaz de respetar las íntimas delicias que promete una noche de bodas.

Don Miguel interpreta a Ambrosia Agustina, con un cierto tono doliente, pero sin imitar en ningún momento la condición femenina.

Ambrosia Agustina, *al público*: Contarino de Arbolánchez, caballero del hábito de Alcántara, en ausencia de mi hermano, y a hurto del recato de mis parientes, se enamoró de mí y yo, llevada de mi estrella o, por mejor decir, de mi fácil condición, viendo que no perdía nada en ello, con título de esposa, le hice señor de mi persona y de mis pensamientos; y el mismo día que le di la mano, recibió él, de la de su Majestad, una carta, en que mandaba viniese luego al punto a conducir un tercio de infantería española que viajaba de Lombardía a Génova, a la isla de Malta. Sobre la cual se pensaba bajaba el turco. Obedeció Contarino con tanta puntualidad lo que se le mandaba que no quiso coger los frutos del matrimonio con sobresalto y, sin tener cuenta con mis lágrimas, el recibir la carta y el partir fue todo uno. Me pareció que el cielo se había caído sobre mí y que entre él y la tierra me habían oprimido el corazón y encogido el alma. (*Saluda al público con discreción.*)

Don Miguel: Les invito a leer «Los trabajos de Persiles y Segismunda» es una novela barroca, con personajes muy sorprendentes, situaciones insólitas, delirios, fantasías y lugares irreales. Se la dediqué con mucho agradecimiento a mi mecenas el Conde de Lemos. Y fue él, quién después de recibir complacido mi manuscrito y asegurarme que se ocuparía de su edición, me puse en conocimiento de la existencia de un eclesiástico francés muy dado a ejercer como generoso mecenas. Se llamaba Richelieu y recién había sido elegido miembro del Consejo Real de Francia.

Pensé en hacerle saber al eclesiástico francés, que deseaba ofrecerme como protegido suyo, pero mi salud ya andaba demasiado maltrecha como para meterse en largas y complicadas gestiones epistolares. He sabido que Richelieu pronto ascendió a Cardenal y ostentando ese poderoso cargo mitad religioso y mitad político, fundó la Academia Francesa, una gran casa de la literatura.

De haber vivido más y de haberme podido acercar a Richelieu, creo que con la ayuda de su mecenazgo y procurándome gracias a su mediación unas precisas y preciosas traducciones, mi literatura habría tenido muy buena acogida en Francia. Por lo que respecta a mis piezas teatrales, puede que hubiesen sido comparables en ingenio a las de Racine o Molière.

EL EXPLICADOR, *con desdén*: ¡Comparables a las de Racine o Molière! ¡Y después hablan de mi ego...!

EL GESTOR: ¡Conténgase, por favor!

EL EXPLICADOR: Contención o polémica? Aclárese, señor Director. ¿Me contengo, y a la vez intento ser conflictivo?

EL GESTOR: ¡Es usted un enfermo!

EL EXPLICADOR: ¡Un enfermo polémico! Señor Don Miguel, me cuesta creer que sus padres y demás parientes, jamás le ayudasen económicamente. No me trago su discurso de penuria permanente.

DON MIGUEL: Nunca anduvieron sobrados de dinero. Aún no he conseguido esclarecer, tampoco lo han conseguido mis muchos biógrafos, como, al cabo de cinco años, mi familia consiguió reunir todo el dinero necesario para pagar mi rescate.

EL ÚLTIMO VIAJE

DON MIGUEL: Se especula que fue gracias a la ayuda de los monjes trinitarios, en especial de un tal Fray Juan Gil. Lo único que puedo afirmar es que a mi regreso y desde aquel viaje a Roma, había estado doce años fuera de casa. Supe entonces, que mi querida madre no desfalleció nunca y movió cielo y tierra hasta lograr mi libertad... Las deudas nos abrumaban. (*La presión de la golilla parece asfixiarlo, le cuesta respirar.*) Ah! ¡Me siento desfallecer... ¡ Aprieta! ¡Aprieta demasiado la maldita golilla! ¡La hija de puta ya me impide el libre respiro! ¡Es como la argolla inmutable, que falta de toda piedad, va cerrando aquel tiempo mío, lo va extinguiendo! ¡Y se me antoja que la arena del reloj cae a más velocidad! ¡Que las saetas de la esfera corren más rápidas! ¡Pero ese avance acelerado del tiempo no amaina el sufrir que me impone la golilla!

EL EXPLICADOR, *al público:* Sobre el planteamiento de la escena que viene a continuación, ya desde el principio tuve ciertas discrepancias con las decisiones de El Gestor. Perdón, quise decir «El Director». Discrepancias como actor, me refiero. Yo, no veía como escena final, como cierre del relato biográfico, ir soltando yo, o ir soltando Don Miguel..., aún no se había decidido quién sería el intérprete, una serie de nombres sin ton ni son, uno detrás de otro, por más ilustre y respetable que fuese esa lista. El que toma todas les decisiones me lo aclaró con su habitual aire de suficiencia. (*A EL GESTOR.*) Si no es mucho pedir, debería aclarárselo también al público, para que sepan con lo que se encontrarán...

EL GESTOR: No tengo inconveniente. (*Al público.*) El listado de nombres célebres es como un mecerse en la nostalgia, pero en lugar de ser retrospectiva, anclada en el pasado y un tanto enfermiza como suelen ser todas las nostalgias, la de Cervantes es dinámica, progresiva. Son recuerdos del escritor. Recuerdos de modo distinto a como suelen ser los recuerdos. Recuerdos hacia adelante

EL EXPLICADOR: ¿Recuerdos hacia adelante?

EL GESTOR: Eso he dicho. Cervantes no recuerda hacia atrás. Recuerda hacia el futuro... Y ese recordar le conmueve.

EL EXPLICADOR: No funcionará. (*Al público.*) Recordar hacia adelante es como intentar la cuadratura del círculo... Eso no son recuerdos.

EL GESTOR: ¿Debo entender que renuncia a sus opciones para interpretarlos?

EL EXPLICADOR: En absoluto. Nunca me rindo ante un reto. No se preocupe, si me los adjudica —y debería adjudicármelos— pondré todo mi empeño en hacer que los recuerdos parezcan pulsiones surgidas del presente. Interpretar siempre es un ejercicio en tiempo presente, orgánico y energético. Jamás la interpretación debe ser ensimismada. El sentimiento es pasivo, introvertido, ensimismado, nefasto para interpretar. La emoción en cambio es activa, extrovertida, dinámica, adecuada. Pero comprenderá que necesito indicaciones para saber como puedo abordar esos recuerdos. Usted, gestiona, dirige...

EL GESTOR: Debe hacerlo con grandeza, soslayando en todo momento lo doméstico, lo coloquial. A ese listado hay que darle en todo momento un vuelo dramático, un hálito shakesperiano con independencia de que las personalidades citadas le sean próximas o lejanas.

EL EXPLICADOR: ¿El orden en que se exponen los nombres, tiene algún sentido?

EL GESTOR: Ninguno racional, son como relámpagos desordenados de la memoria, de la predicción. Fíjese en que no guardan una cronología. En realidad no es una lista, entendida como tal. Eso sería demasiado prosaico. Es un impulso vital, es la pulsión de una épica poética y visionaria, recreada a borbotones por un estado de delirio mental y debilidad física que conduce al escritor hasta las puertas de una sublime y teatral agonía. Eso es lo que necesitamos.

EL EXPLICADOR: Si es un estado de delirio mental, no le quepa duda que sabré interpretarlo. Y está también ese martirio fatídico perpetrado por la presión de la golilla. Desde el primer día, entendí que esa golilla no es un simple trozo de tela, es mucho más...

EL GESTOR: ¡Claro que es mucho más! ¡La golilla es mi mejor creación!

EL EXPLICADOR, *a DON MIGUEL*: ¡La creación de él y la defunción de usted, ya se lo advertí!

EL GESTOR: ¡Mi creación y la glorificación de Don Miguel, aunque a usted le pese! (*Al público, con soberbia.*) Señoras y señores, la golilla es fundamento, es desencadenante y es conclusión. Es planteamiento, nudo y desenlace. Mi golilla, es la metáfora de lo moralista, lo conservador, lo restrictivo. Es el peaje constrictor orquestado por una envidia vulgar y colectiva apuntando a la individualidad del creador original. Y es también, llegados al punto sin retorno, el símbolo semiótico de una liberación que se hará eterna en el tiempo y en el espacio. La golilla es el todo, lo es más allá de cualquier tiempo mesurado por un simple calendario, más allá de toda biología extinguible. Es el gran tránsito, un viaje intelectual y humano que camina hacia el final. Ese final que en realidad no tiene fin, no puede tenerlo, no lo tendrá. ¡Me siento orgulloso de mi golilla!

EL EXPLICADOR: Un final que no es el fin... Y unos recuerdos que no son recuerdos... Parece complicado, pero puedo asumirlo. Por supuesto que puedo. Una última sugerencia, ¿le parece buena idea que elimine unos cuantos? Son muchos recuerdos. Puedo ir haciéndolo sobre la marcha...

EL GESTOR: Me parece una sugerencia inapropiada. Se la deniego.

EL EXPLICADOR: Entonces no he dicho nada. Pero insisto en que me parece una retahíla de nombres excesiva...

EL GESTOR: Si no lo ve claro, si tanto discrepa y...

EL EXPLICADOR, *interrumpiendo*: Arranco cuando usted me indique, con el listado al completo... (*Se aproxima al sillón frailero, se sienta, se pone en situación llevándose la mano a la golilla con gesto trágico.*) Estoy concentrado...

DON MIGUEL, *a EL GESTOR*: Hálito shakesperiano ha dicho usted... ¡Me veo capaz! ¡Y tanto que me veo! ¡Voy a intentar complacerle, voy a seguir su indicación al pie de la letra, inspirándome en los desvaríos del rey Lear, en las dudas sufrientes de Hamlet, en la agonía del espadachín Mercuttio!

EL GESTOR: Si se ve capacitado, no hay más que hablar, el personaje es suyo.

DON MIGUEL: Claro que es mío, soy yo.

DON MIGUEL se acerca al sillón frailero. Le hace un gesto a EL EXPLICADOR, para que se levante y le ceda el sitio...

El explicador, *un tanto desconcertado*: ¡Por lo que veo, Don Miguel, definitivamente pretende adjudicarse usted la escena cumbre! ¡Demasiada ambición la suya! ¡Demasiada inconsciencia! ¡Le insto por última vez a que me permita interpretarla!

Don Miguel: ¡Es usted obsesivo! ¡Y obtuso! ¡Yo soy el que se muere...! ¡Es mi llama la que se apaga, es mi biografía! ¡Cédame el sillón inmediatamente!

El explicador, *a El Gestor*: ¿Dice que ceda? ¿Cedo? (*El Gestor afirma con la cabeza.*) ¿Está usted seguro?

El gestor: Ceda sin más dilación.

El explicador: No creo que sea oportuno ceder.

El gestor: ¡Don Miguel de Cervantes Saavedra tiene todas las prioridades! ¡Es lógico que sea así!

El explicador: ¡No cederé! ¡Por el bien del espectáculo, lo digo! ¡Y en beneficio de su carrera de director! ¡Estoy jugando a su favor! ¡No pienso ceder! (*A Don Miguel.*) No se lo tome a mal..., pero esta escena es demasiado comprometida, debo resolverla yo.

El gestor: ¡Ceda inmediatamente! ¡Se lo exijo!

El explicador: No pienso despegar mi culo de este sillón. Es inútil que insista.

El gestor: Aferrándose al sillón, parece uno de esos políticos incapaces de renunciar a su cargo. ¡Es deplorable!

El explicador: ¡Es mi sillón!

Don Miguel: ¡Es mi sillón, de pleno derecho! (*A El Explicador.*) ¿Es su sillón o es mi sillón?

El gestor: ¡De ninguno de los dos! ¡Es mío! ¡Es mi sillón y yo decido sobre él, puesto que soy El Director! (*A El Explicador.*)

¡Abandone inmediatamente! ¡Se lo ordeno!! ¡Es mi último aviso! ¡Si es preciso tomaré medidas drásticas!

EL EXPLICADOR: ¡Qué medidas! ¡No me amenace! (*Levantándose.*)

EL GESTOR: ¡Hablaré con su psicólogo para que le prohíba actuar!

EL EXPLICADOR: Querrá decir con mi psiquiatra. Pues sepa que me ha recomendado actuar. Cree que me resulta beneficioso y acelera mi curación. (*Al público.*) ¡Por lo que respecta a la biografía de Cervantes, hemos llegado a un extremo de faltar a la verdad, que ya es inadmisible!

EL GESTOR, *muy molesto*: ¡Se lo expondré una vez más! ¡Por lo que atañe a la vida personal de Cervantes, no hay nada demostrable al cien por cien! ¡No existe una biografía canónica!

DON MIGUEL: Bueno, algo demostrable sí que...

EL GESTOR, *interrumpiendo*: ¡Nada de nada, exceptuando sus novelas, sus entremeses, sus poemas, sus piezas teatrales!. Usted mismo lo veía así hace un rato. Lo único verdaderamente importante y trascendental de Cervantes, es su obra literaria.

EL EXPLICADOR: ¡Si es así, porque está usted inventando constantemente acciones y situaciones anexas, aspectos añadidos carentes de todo fundamento y que nada tienen que ver con la obra literaria!

EL GESTOR: Creo haberlo explicado ya. Tengo la responsabilidad de inventarme una amenidad, un viaje narrativo que vaya hilvanando la atención del público. Usted sabe de esa necesidad, tanto como yo.

EL EXPLICADOR, *al público*: Señoras y señores, la realidad biográfica por todos sabida es esta: Don Miguel, es decir, Cervantes, ya murió. Es un difunto. Eso es irrefutable. Y se sabe que no murió sentado en un sillón frailero y recitando un rosario de nombres. Dejó este mundo en silencio, en su cama, el día 22 de abril de 1616, aquejado de diabetes. Desde su casa, en la calle del León de Madrid, amortajado con un hábito franciscano y metido en un ataúd sin ornamentos, el cadáver fue trasladado al convento de las Trinitarias.

El gestor: ¡Y yo decido prescindir de todos esos datos que en realidad son domésticos e intrascendentes! ¡Ficción, entérese de una vez, estamos en un código de ficción! ¡Estamos en la fábrica de los sueños! ¡Ahora mismo, a usted, no le necesito para nada! (*A Don Miguel.*) ¡Preparado! Interprete con todo el empuje expresionista Don Miguel, pero sin olvidar que está usted agonizando. Debe ser trágico, sin recato alguno al gran histrionismo poético y al mismo tiempo sin caer en lo melodramático. ¡Vamos a rodar!

El explicador, *desconcertado*: ¡Ha dicho rodar! Luego, finalmente existe la filmación! ¡Hay película! ¡Menuda patraña hacerme creer que no disponía de presupuesto!

El gestor: No lo tenía al principio. He batallado mucho para conseguirlo y he tenido que tragarme bastantes sapos. Y creo que Don Miguel bien se merece el homenaje cinematográfico. ¡Es un personaje de la historia absolutamente digno de ser filmado! ¡Hagamos que exista ese documento para la posteridad!

El explicador: ¡Posteridad, dice...! No me extrañaría que esa posteridad acabase siendo un simple soporte audiovisual para dar publicidad a los infectos chorizos. Ya me imagino el eslogan: «Si Don Quijote y Sancho Panza viviesen en nuestro tiempo, degustarían con placer nuestros selectos productos choriceros». Esa deleznable posteridad le vaticino yo a su filmación... (*Furioso, a* Don Miguel.) ¡Y Usted, lo sabía! ¡Usted estaba al corriente de que la idea prosperó!

Don Miguel, *por* El Gestor: Es a él a quien debe pedir explicaciones.

El explicador: ¡Usted es su compinche! ¡Participa del complot! ¡Es cómplice de la encerrona! ¡Ha colaborado! (*Muy dolido y contrariado.*) ¡Me han traicionado! (*Al público.*) ¡Ustedes son testigos! ¡En mi contrato pone que desempeñaré el cometido de actor! ¡Traicionado, es así como me siento! ¡No puedo admitirlo! ¡No puedo soportarlo! (*A* El Gestor.) ¡Mi desvarío se agrava por momentos! ¡Creo que voy a sufrir una crisis! ¡Le advierto que si empeora mi salud mental, usted será el culpable!

El gestor: ¡No pienso doblegarme a ningún chantaje!

Don Miguel, *a* El Explicador: Si le sirve de consuelo, creo que me halaga en gran manera ser filmado para la posteridad... Y de ahí, deduzco con pesar que mi ego no es inferior al suyo. Ambos deberíamos sentirnos avergonzados... y aprender a ser un poco más humildes.

El explicador: ¡No me trago ese cuento de la humildad! ¡Usted habla con ventaja, su ego no necesita henchirse, puesto que ya lo está! ¡Su ego debe sentirse más que satisfecho! ¡Pletórico y colmado se siente! ¡El señor Cervantes es famoso en el mundo entero! ¡Qué más puede desear!

Don Miguel: No se equivoque. Don Quijote y Sancho Panza son los verdaderamente famosos en el mundo entero. Tanto, que según su opinión son un instrumento ideal para la publicidad más vergonzante.

El explicador, *exaltado*: ¡Yo soy el actor! El único actor aquí presente! ¡Es innegable que he alcanzado la cima del teatro y si mi brillante talento escénico quedase filmado, serviría de ejemplo para futuras generaciones de alumnos de escuelas de interpretación. (*Al público.*) Hoy en día, ustedes lo saben perfectamente, la influencia de los audiovisuales en la juventud es muy poderosa. Aparecer un día en una pantalla puede suponer más fama y reconocimiento que aparecer un año entero en un escenario. Incomprensiblemente, a lo largo de mi carrera me han ofrecido poco cine y eso...

EL GESTOR, *interrumpiendo*: Sin duda, le surgirán futuras ocasiones para perpetuar su arte ante una cámara. No insista más, se lo ruego...

EL EXPLICADOR, *a DON MIGUEL, con acritud*: ¡Usted, señor «Don Quijote» ya tiene su nombre en las enciclopedias! ¡Usted, va sobrado de perpetuidad! (*A EL GESTOR, perdiendo la compostura.*) ¡Se lo advierto, si incorpora usted a la escena las proyecciones que yo le sugerí, juro acusarle de plagio, de robo intelectual! (*Del todo desatado.*) ¡Se llama a sí mismo «Director», no me haga reír! ¡Es usted un maldito aficionado! ¡Un mamarracho!

EL GESTOR: ¡Cállese!

EL EXPLICADOR, *muy fuera de sí*: ¡Me enerva! ¡Me subleva! ¡Me precipita usted a la pérdida de control! ¡Estoy desatado! ¡Ya no respondo de mis actos! ¡Ahí detrás, sobre una mesita, he visto una pistola! Supongo que pertenece a uno de los hermanos facinerosos... ¡Me dan ganas de usarla! ¡De levantarle a usted la tapa de los sesos, por falsario! (*A DON MIGUEL.*) A usted, también le pegaría un tiro de buena gana..., aunque sin ánimo de matar, queriendo herir únicamente.

DON MIGUEL: ¡Vaya barbaridad se le ocurre! ¡Si comete esa locura, le suplico que respete mi mano sana!¡Es la mano que necesito para escribir! ¡Dispáreme en una pierna!

EL GESTOR: Tranquilo Don Miguel, no hay motivo para preocuparse. (*A EL EXPLICADOR.*) Esa pistola no dispara, es de atrezo. Yo mismo la hice traer pensando en una escena donde usted se suicidaba. Finalmente, descarté suicidarle. Viendo su conducta desmedida, creo que me arrepiento.

EL EXPLICADOR: ¡Mi ira no es un simulacro, es el clamor de la justicia! ¡Y como ha dicho usted hace un rato: «el teatro es la noble verdad empeñada en desenmascarar la pérfida mentira». ¡Mi verdad es que yo desearía matarle!¡Matarle!¡Matarle! (*Con convulsos sollozos.*) ¡Ma...tar...le..., sí!

EL GESTOR, *al público:* Este hombre está mal... Les presento mis excusas, reconozco que esto es el colmo del melodrama. Demasiado patético, incluso para el teatro. Les aseguro que en ningún momento mi intención era llegar hasta extremos tan exagerados. (*A EL EXPLICADOR.*) Compórtese, se lo ruego. Y si me permite una sugerencia tan entrometida como bien intencionada, consulte con su psiquiatra la posibilidad de doblar la dosis diaria de pastillas que le ha recetado.

EL EXPLICADOR: ¡Cree acaso que mi buen o mal discurrir depende de un miserable puñado de píldoras! ¡Ya veo, que me cree tan trastornado como Don Quijote! Entonces, lo lógico es que me comporte y actúe como tal... ¡Soy Don Quijote! ¡Loco estoy, según la cordura de las gentes estúpidas! (*Saca del bolsillo su tubo de pastillas y al público, exaltado y exhibiendo su indudable talento interpretativo.*) ¡Señoras y señores, este recipiente contiene pastillas, un aparente fármaco antidepresivo! ¡Diminutos discos de aspecto sanador, pero que ocultan el poder maléfico y perverso de algún sortilegio o encantamiento orquestado por los enemigos de la hermandad de los caballeros andantes en general, y de mí en particular! ¡Enemigos también de Don Alonso Quijano, o Quijana, o Quijada, o Quesada! ¡Enemigos demoníacos del «ingenioso hidalgo», de «el caballero de la triste figura» y en llegando a determinado capítulo de la novela en que yo, Don Quijote, me enfrento a un feroz ejemplar del rey de la selva, enemigos del apodado «el caballero de los leones»! (*A El Gestor.*) ¡Vea pues, como en justa venganza y acto de defensa, deparo a estas malditas píldoras, quizá más perniciosas que el funesto membrillo del Licenciado Vidriera, el exterminio que se merecen! (*Destapa el tubo y lo vacía en el suelo, las pastillas caen, rebotan y se esparcen con un ruidito saltarín. Al público, convulso y trágico.*)Viéndose sin montura, Ricardo III de Shakespeare, exclama: «¡Un caballo! ¡Mi reino por un caballo!». Maldiciendo su sino fatal, Don Alvaro del Duque de Rivas, grita: "«¡Húndase el cielo! ¡Perezca la raza humana!» El maltrado Segismundo de Calderón de la Barca se lamenta: «¡Ay mísero de mí! ¡Ay infelice!» Y yo, proclamo: ¡Don Quijote es inmortal! ¡El teatro es imperecedero ¡Yo, soy el actor! (*Saluda y aprovecha el encorvamiento para coger una pastilla y llevársela a la boca.*)

Don Miguel, *aplaudiendo*: ¡Fantástico! ¡Excelente actor! ¡No me duelen prendas al reconocerlo!

El gestor: ¡Atención! ¡Silencio! ¡Vamos a rodar!

Don Miguel: ¡Ahora es mi turno! ¡Que las musas y Talía me acompañen!

El gestor: ¡Prevenidos! ¡Luces!

La iluminación adquiere una atmósfera más intimista. EL EXPLICADOR, coge otra pastilla del suelo, se la lleva a la boca y la ingiere.

EL GESTOR: ¡Cámara!

Por un bastidor lateral entra EL OPERADOR DE CÁMARA, vestido discretamente de negro. Empuja un trípode que se desplaza con ruedas y que lleva instalada una cámara digital de cine con sensor super 35 milímetros. Simultáneamente, por el bastidor opuesto, emergen un par de manos enfundadas en guantes rojos, sujetando una claqueta donde puede leerse: CERVANTESCAS CERVANTINAS. SECUENCIA HOMENAJE. TOMA 1ª.

EL GESTOR: ¡Claqueta!

Las manos ejecutan el habitual golpe de «clac» y se ocultan.

EL GESTOR: ¡Acción!

DON MIGUEL interpreta su alucinada agonía, al tiempo que EL OPERADOR DE CÁMARA le va filmando y dicha filmación se proyecta sobreimpresionada en el telón fotográfico del fondo, alternándose el primer plano con el plano medio y algún plano de cuerpo entero.

DON MIGUEL, *febril, con escasas fuerzas, medio al público, medio para sí mismo*:...A prueba de contrarios estoy hecho, de blanda cera y diamante duro... ¡Y a las leyes del amor el alma ajusto! ¡La libertad y andar siempre a mi aire fueron mi universidad! ¡Viví con mal disimulada soberbia siempre pensando en conquistar la fama! ¡Mi fecundo y orgulloso talento en todo momento se agitó inquieto e insatisfecho! ¡Mi ego incontenible, justificado por mi generosa capacidad creativa, se esparcía en forma de novelas, poemas y obras de teatro! ¡Dejo a vuesas mercedes un amplio y valioso legado! ¡El destino del rebelde que nunca se doblega, siempre fue mi anhelo! ¡Siendo soldado y cautivo, aprendí a tener paciencia en las adversidades! ¡Mi vida ha sido como un espejo reflejando al unísono las grandezas y miserias de España! Exageran, diciendo que escribí la más grande novela de todos los tiempos. En mi criterio, no menos grandes son «La Ilíada» y «La Odisea». Tiempo hace que se acabó todo aquel mundo mío..., del que no reniego pero que me privó de acceder a sorprendentes tiempos venideros... Tiempos futuros, en constante evolución..., tiempos de progreso que llegaron y desearía haber vivido... esos tiempos abiertos y cambiantes para el humanismo...para la ciencia... para la política... para el arte... para el deporte... tiempos de constante creatividad... (*Delirando, en la agonía...*) Tiempos de tantos y tantas personalidades destacables… La huella imperecedera de Karl Marx, de Sigmund Freud, de Charles Darwin... Tiempos de transformación que dejan un culto poso de posteridad… Tiempos de Schubert, Pasteur, Mandela, Gandhi, Picasso, Simone de Beauvoir, Albert Einstein, Charles Chaplin, Rosa Luxemburgo, Fernando Fernán Gómez, Martina Navratilova, Madame Curie, Peter Brook, Federico García Lorca, Buenaventura Durruti, Gabriel García Márquez, Charlie Parker, Andrés Iniesta, Bárbara Lennie, María Casares, Robert de Niro, Pau Casals, Martín Luther King, Alexander Fleming, Paul Valéry, Enrique Tierno Galván, Dario Fo, Abraham Lincoln, David Bowie, Núria Espert, Vincent Van Gogh, Kristien Stewart, Stephen Hawking, Orson Welles, Rosalía, Bob Dylan, Alfredo di Stéfano, Albert Camus, Naomi Wats, Patti Smith, Frida Kahlo, Anne Carson, James Joyce, Coco Chanel, Alba Flores, Virginia Woolf, Lote Lenya, Santiago Ramón y Cajal, Ludwig Wittgenstein, Lluís

Pasqual, Billie Holiday, Nick Cave, Bansky, Arthur Rimbaud...
Un poeta extraordinario ese Rimbaud, merecedor de ser el
rey del Parnaso...! (*Casi expirando, con un hilo de voz.*) ¡Mi
tintero... quiero mi... tintero...y mi pluma... de ganso...!

EL GESTOR, *nervioso, desconcertado*: ¿Qué dice...? ¿Ahora
quiere pluma y Tintero? ¡No estaban previstos...! (*Reaccionan-
do.*) ¡Que entren! ¡Que esos atrezos los introduzca la mano
del guante rojo! ¡Rápido, entrando ya! ¡Vamos! ¡Sin dejar de
rodar! ¡Se nos va, está expirando...! ¡Pluma! ¡Tintero! ¡Pluma
y tintero, urgente!

> *Por el bastidor lateral emerge la mano de guante rojo,
> sosteniendo un tintero abierto, en el que hay introducida
> una pluma de ave. EL EXPLICADOR coge ambos objetos y
> con presteza, sin ninguna reticencia, los acerca solícito
> a un DON MIGUEL que con un supremo esfuerzo, extrae
> la pluma con la mano derecha y sostiene el tintero con
> la mano izquierda. Esboza una sonrisa, muy recostado,
> carente ya de toda vitalidad, salvo la de ser escribidor
> inmortal...*

DON MIGUEL: ¡Un día más...me dispongo...para la tarea que...
con gozo... en todo momento y circunstancia... yo me im-
puse... me queda mucho por contar... voy a... escribir... soy
escritor...! ¡El más excelso... escritor... de todos los que... ha
habido... de... todos... los que... habrá…!

> *Un último estertor y expira. El tintero y la pluma resbalan
> de sus manos y caen al suelo.*

EL GESTOR, *a viva voz*: ¡Corten! ¡Genial! La toma es buena
y definitiva. (*Sonriente, satisfecho, alzando el pulgar con
aprobación*) ¡Tenemos una secuencia sublime! ¡Magistral!

Por el bastidor lateral, emergen dos manos enguantadas aplaudiendo. El operador de cámara aplaude. También aplauden El gestor y El explicador.

Don Miguel, permanece inmóvil, con su cuerpo del todo inanimado, en absoluta quietud y desmayo, tal como suelen permanecer todos los difuntos.

El gestor, *al público*: Era justamente eso: equilibrio entre cerebro y corazón. Don Miguel acaba de brindarnos, a nosotros y a todos ustedes: —a los que en este momento nos están leyendo, a los que nos están viendo— un tránsito creciente, sutil, bien hilvanado, muy conmovedor. En todo momento, controlando y al mismo tiempo dejándose llevar. Y la improvisación del tintero y la pluma: ¡un remate espléndido!

El operador de cámara se aproxima a Don Miguel, se inclina, le observa con extrema atención durante unos instantes.

El operador de cámara, *admirado*: Este señor, hace de muerto estupendamente. Parece un muerto de verdad…

El explicador: ¡Un apasionado idilio con la Parca, sí ! ¡Un expirar de lo más auténtico! Así me lo ha parecido y sinceramente así quiero expresarlo con toda mi admiración. Es un final de acto, a la altura del mejor ¡Félix Lope de Vega!

Oscuro rápido para espectadores y espectadoras. Y un cerrar el libro sin prisa para lectoras y lectores

DONDE SE INTENTA DETERMINAR LA GÉNESIS Y NATURALEZA DE *CERVANTESCAS CERVANTINAS*

DAMIÀ BARBANY: Me dirijo al siempre apreciado público, ya sea este lector o espectador o de una y otra condición receptora, dando por concluida esta especie de antropología narrativa… Lo cierto es que no se muy bien cuál es el género literario que le corresponde… ¿Es una pieza de teatro? ¿Es una biografía animada? Mejor, que cada cual le designe la calificación que estime más oportuna. Eso, en el supuesto de que se trate de algún tipo de literatura… En cualquier caso, soy yo el único responsable de «Cervantescas Cervantinas», soy, lo que viene llamándose: el autor.

Una autoría que a continuación me complace tener el honor de relativizar y compartir con él, con Miguel de Cervantes. Compartir, puesto que en el complicado discernir sobre donde acaba la realidad y empieza la ficción, me parece admisible y justo considerar que Cervantes es un colaborador directo. Lo es, puesto que desde la primera a la última página, este libro permanece asomado a la realidad de su vida y obra. Y a partir de estas construye su contenido y continente.

Al mismo tiempo que se configura una ficción, se explora en una biografía auténtica, en una realidad de siglos atrás que, —merced a la libre y legítima creación— puede llegar a prolongarse hasta los tiempos actuales.

Una realidad biográfica, suficientemente consultada y contrastada gracias a las múltiples fuentes documentales y bibliográficas que sobre la vida y obra de Miguel de Cervantes tenemos disponibles. Una ficción escénica, surgida de mis muchos años metido en el oficio del teatro.

En definitiva, un argumento y unos personajes encabezados por Don Miguel de Cervantes Saavedra, que van configurando una especie de docudrama elaborado y contemplado desde distintas ópticas, situaciones, imaginarios, aproximaciones, hipótesis, realidades, especulaciones, aseveraciones, suposiciones, certezas, conjeturas, incógnitas, invenciones, intercambios, delirios y percepciones.

Volums publicats:

**Textos a part
Teatre
contemporani**

Textos aparte Teatro clásico

Textos a part Teatre clàssic

Textos a part Teatre per a joves